1. Auflage 1988
ISBN 3-924678-11-1

Fotos:	Maria Harder
Grafische Gestaltung:	Hartwig Kloevekorn
Ernährungsberatung:	Prof. Dr. Michael Hamm
Text:	Peter C. Hubschmid
Redaktion:	Elsbeth Brune
Foodstyling:	Jürgen Suré
Requisite:	Barbara Förster
Kochstudio:	Jörg Jurga
Herstellung:	Hans-Werner Jung
Lithografie:	Kruse Reproduktion, Vreden
Satz:	Typografika, Bielefeld
Druck:	Bentrup Druck, Bielefeld
Bindung:	Paderborner Druck Centrum, Paderborn

Verlag Zabert Sandmann GmbH
Patthorster Straße 127
4803 Steinhagen
Telefon 0 52 04 / 33 83
Telex 937 858 vzasa d
Telefax 0 52 04 / 8 03 31

CIP-Titelaufnahme
der Deutschen Bibliothek

Hessler, Doris-Katharina:
Meine Vollwertküche/
(Fotos von Maria Harder). –
1. Auflage – Steinhagen:
Zabert Sandmann, 1989
ISBN 3-924678-11-1

Doris-Katharina Hessler

MEINE VOLLWERT KÜCHE

mit Fotos von Maria Harder

ZABERT SANDMANN

Inhalt

REZEPTE

Michael Hamm, Doris-Katharina Hessler, Peter C. Hubschmid

Ein Vorwort über die Autoren

Essen muß ein Genußerlebnis sein — das ist der Kernsatz von *Doris-Katharina Hesslers* kulinarischer Philosophie. Ein Genuß, der nichts mit Völlerei zu tun hat. Denn die ist genau wie die Askese ein Feind des Wohlbefindens.

Beim Ertüfteln ihrer Rezepte hat Hessler stets das Wohlfühlen zum Ziel. Niemals war eine Ideologie Grundlage ihrer Arbeit. Ihre Rezepte lassen sich mit keiner dogmatischen Elle messen.

Deutschlands bekannteste Köchin zu werden, war nicht das Ziel der Doris-Katharina Schäfer, die nach der Schule eine Lehre als Verwaltungsangestellte beim Magistrat ihrer Heimatstadt Frankfurt machte und in ihrer Freizeit gerne ausging. Dabei lernte sie Ludwig Hessler kennen. Daß aus der Bekanntschaft Liebe wird und die beiden heiraten, ist noch eine ziemlich normale Geschichte.

Die Hesslers sind Genießer, schätzen gutes Essen und guten Wein. Bei Ausflügen ins Elsaß erleben sie Tafelfreuden, wie es sie bei uns — wir schreiben 1970 — nicht gab. Das Ehepaar macht ein Restaurant auf. Ein Steakhaus. Doch dessen kulinarisches Repertoire ist für die begeisterte Köchin Doris-Katharina rasch ausgereizt. Die angestellten Köche aber schaffen es nicht, ihre kreativen Ideen umzusetzen. 1976 stellt sie sich selbst an den Herd, wirft sich mit Begeisterung in die neue Aufgabe. Sie ist jetzt mit Leib und Seele Köchin. Vergessen sind der pünktliche Feierabend und die Freizeit der Verwaltungsfrau. 1979 wird ihr Engagement mit einem Stern vom "Guide Michelin" belohnt — einer Auszeichnung, nach der viele gestandene Profi-Köche vergeblich streben.

1983 erkrankt Ludwig Hessler. Durch vollwertige Ernährung gelingt es ihm, ein nahezu "normales" Leben mit einem Minimum an Medikamenten zu führen. Die dabei gewonnenen Erkenntnisse setzt Doris-Katharina in der Restaurant-Küche ein.
Die Menüs bekommen eine neue Balance: Salate und Gemüseportionen werden üppiger, Fett und tierisches Eiweiß sparsamer verwendet. Kräuter und Blüten, Kerne und Nüsse, Sprossen und Keimlinge sind wichtige Elemente von Hesslers Wohlfühlküche. Dadurch kann sie Salz einsparen.
Die Gourmets kommen des Geschmackserlebnisses wegen zu Hesslers nach Maintal-Dörnigheim. Daß sie dabei auch noch gesünder essen, ist ein willkommener Nebeneffekt.

<u>Dr. Michael Hamm,</u> Jahrgang 1951, ist Ernährungswissenschaftler und als solcher Professor an der Fachhochschule Hamburg mit den Spezialgebieten Sportlerernährung, Diätberatung und Ernährungserziehung von Kindern. Genuß und Gesundheit gehören für ihn zusammen. In der modernen Ernährungswissenschaft gibt es für Hamm keine Verbote, sondern nur Empfehlungen im Sinne von "mehr" und "weniger".
Mit dem Begriff "Wohlfühlernährung" will er einen deutlichen Kontrapunkt setzen zu allen sektiererischen Diätideologien und starren Ernährungsvorschriften. Die verbreitete Fehlernährung von heute kann sicher nicht erfolgreich und auf Dauer von einer gesunden Kost abgelöst werden, wenn man diese nur durch asketische und genußfeindliche Verzichtprogramme erreichen könnte.
Der Ernährungswissenschaftler kauft selbst ein, kocht und genießt gerne. Dazu gehören für ihn neben Getreide und Kartoffeln, Obst, Gemüse und Milch selbstverständlich auch Eier, Fleisch und Fisch in maßvollen Mengen. Und zu einem guten Essen natürlich auch ein gutes Glas Wein. Das Ziel, sich rundherum wohl zu fühlen, kann am besten zu gesundheitsbewußtem Verhalten motivieren.
Zur Wohlfühlernährung gehören auch das richtige Ambiente, die positive Stimmung für den Genuß: Essen und Trinken in Ruhe, in angenehmer Umgebung und Stimmung.

„Ich meine, daß der wichtigste Grundsatz einer vollwertigen Ernährung, nämlich Ausgewogenheit und Vielseitigkeit im Speiseplan, für Gesundheitsbewußte und Genießer gleichermaßen sympathisch ist."

„Hochwertige Produkte, abwechslungsreich zusammengestellt und richtig zubereitet, bieten die beste Voraussetzung für eine genußvolle und vollwertige Ernährung."

<u>Peter C. Hubschmid,</u> Jahrgang 1945, hat sich die vergangenen zehn Jahre seines Journalistenlebens mit Essen und Trinken befaßt. Zunächst bei der Zeitschrift "Feinschmecker", dann als verantwortlicher Redakteur für die Rubrik "Küche" im "stern", seit 1987 als freiberuflicher Autor.
Die kulinarische Neugier brachte Hubschmid mit, als er anfing, Küchenreportagen zu machen.
1985 kehrte er das erste Mal bei Doris-Katharina Hessler ein und war begeistert von dem Menü mit seinen Vollwert-Elementen und vor allem davon, daß dabei Gemüse und Kartoffeln nicht bloß die minimalistische Dekoration einer Fleischportion waren.
Durch seinen Umgang mit Küchenprofis lernte Hubschmid, ihre Rezepte zu verstehen, die meist nur aus Stichworten, Kürzeln und Fachausdrücken bestehen, und sie für das Laienpublikum der Zeitschriften zu interpretieren.
Trotz der vielen Zeit, die er sich beruflich mit Essen und Trinken befaßt, hat dieses Thema für Hubschmid nicht an Faszination eingebüßt. Und: Die Fähigkeit, bewußt zu Genießen und sich dabei wohlzufühlen, hat er sich auch bei anstrengenden Testessen bewahrt.

Prof. Dr. Michael Hamm

Die Wohlfühl-Ernährung

Allein von Luft und Liebe kann auf Dauer keiner leben. Wir müssen essen. Damit wir uns wohlfühlen, soll das Essen nicht nur notwendige Nahrungsaufnahme, sondern ein sinnliches Vergnügen sein. Unsere Nahrung gibt uns Energie zum Leben — und Lebensfreude. Ihr Genußwert ist genauso wichtig wie ihr Nährwert. Der Wohlgeschmack unserer Speisen und das Vergnügen bei Tisch sind unsere Belohnung bei der Nahrungsaufnahme. Kann man sich Vitamine in einer leckereren Form zuführen als mit einem knackig-frischen Salat oder einem herzhaften Gemüse?

Gesunde Küche muß zuerst unsere Sinne ansprechen, denn Auge, Nase, Zunge und Gaumen bestimmen mit, was wir essen und wie unsere Nahrung anschließend vom Körper verarbeitet wird. Die verlockende Farbe und der verführerische Duft einer Speise als Vorboten ihres Wohlgeschmacks wecken den Appetit, setzen ein fein abgestimmtes Zusammenspiel der Verdauungsorgane und ihrer Säfte in Gang. Dabei spielen Gewürze eine wichtige Rolle.

Darum ist der Genuß beim Essen, sind Mühe und Sorgfalt in der Küche keinesfalls überflüssiger Luxus. Essen muß immer auch Erlebnis sein, jede Mahlzeit soll uns Wohlbefinden bringen.

Nicht nur was wir essen, auch wie wir es tun ist wichtig. Hektik und Unmäßigkeit schlagen auf den Magen. Leichte Kost, abwechslungsreich zusammengestellt und in Form kleiner Mahlzeiten über den Tag verteilt, in Ruhe und mit Freude genossen, hat Wohlfühl-Qualität.

Der Feinschmecker sucht Genuß durch geschmackliche Vielfalt, Sättigung ohne Völlegefühl — und befindet sich darin im Einklang mit der modernen Ernährungslehre. Ob man der vollständigen Nährstoffversorgung wegen abwechslungsreich ißt oder zur Bereicherung des Geschmackserlebnisses, ist eine Frage der persönlichen Einstellung. Hauptsache, das Ergebnis stimmt.

Es gibt viele Möglichkeiten, sich richtig zu ernähren. Die gegensätzlichen Meinungen mancher "Ernährungsexperten" sind nicht weniger groß als die Unterschiede in der Zusammensetzung von Mahlzeiten auf dieser Welt. Die Vielfalt der Ernährungsweisen hat einen tieferen Sinn: Nur weil der Mensch ein Allesesser ist, konnte er die ganze Erde besiedeln und überall aus den vorhandenen Nahrungsquellen eine ihm zuträgliche Kost entwickeln.

Wir sind nicht auf bestimmte Lebensmittel angewiesen, sondern auf bestimmte Grundnährstoffe: Kohlenhydrate (Stärke und Zukker), Fette, Proteine (Eiweißstoffe), Vitamine, Mineralstoffe und — nicht zu vergessen — Wasser. Diese Nährstoffe dienen der Energiezufuhr, dem Aufbau und der Erhaltung von Körpersubstanz, der Steuerung von Stoffwechselvorgängen und dem Schutz unserer Gesundheit. Ballaststoffe, also unverdauliche Pflanzenfasern, brauchen wir für eine gesunde Darmfunktion und zur Hunger-Sättigungs-Regulation.

Kein einzelnes Lebensmittel enthält allein alle notwendigen Bestandteile unserer Ernährung. Daher empfehle ich eine abwechslungsreiche Ernährung: Zu einem hochwertigen Eiweißangebot ergänzen sich Brot und Käse, Reis und Fisch, Hafer und Milch, Kartoffeln und Ei oder Fleisch sowie Bohnen und Mais. Frisches Gemüse und Obst liefern Vitamin C, das wiederum die Aufnahme von Eisen fördert. Muskelfleisch ist die beste Quelle für Eisen, Seefisch dagegen ist reich an Jod. Vollkornprodukte sind eine wichtige Kohlenhydratquelle und zudem — ebenso wie Gemüse — reich an Ballaststoffen, Mineralstoffen und Vitaminen. Keimöle enthalten die wichtigen mehrfach ungesättigten Fettsäuren.

Vollwertige Ernährung bezieht alle genannten Gruppen in den Ernährungsplan ein. Eine Einschränkung stellt die (ovo-) laktovegetabile Ernährung dar, die auf Fleisch und Fisch verzichtet. Tierisches Eiweiß stammt dann aus Milch (und Eiern). Auch diese Ernährung ist vollwertig.

Wer sich insgesamt vollwertig ernährt, muß beim Essen nicht auf Süßes, Sahne, Butter und Alkohol verzichten — vorausgesetzt, man findet bei allem das persönlich zuträgliche Maß. Und große Menüs stehen ja nicht unbedingt für die Alltagsküche. Kleine Gerichte, Suppen und Salate sind vollwertige, leichte Mahlzeiten im Sinne der von der Ernährungswissenschaft empfohlenen, über den Tag verteilten Portionen.

Wohlfühlernährung hat nichts mit unsympathischen Verzichtappellen, mit strengen Verboten und starren Ernährungsvorschriften zu tun. Der Maßstab für die persönlich richtige Ernährung ist das eigene Wohlbefinden. Dazu gehört das Genießen mit Verstand. Jeder muß seine Ernährungsbedürfnisse auf die persönlichen Lebensbedingungen abstimmen. Eine veränderte Lebensweise, neue Leistungsanforderungen erfordern eine andere Art der Ernährung.

Als Anspruch bei der Auswahl und Zubereitung unserer Lebensmittel gilt mehr denn je: Qualität geht vor Quantität. Wir suchen Nährstoffdichte, Geschmack und Erlebnis anstatt Kalorien und bloße Sättigung. Zum neuen Ernährungsbewußtsein gehören Genuß und Fitneß.

Guten Appetit und Wohlsein!

1

2

3

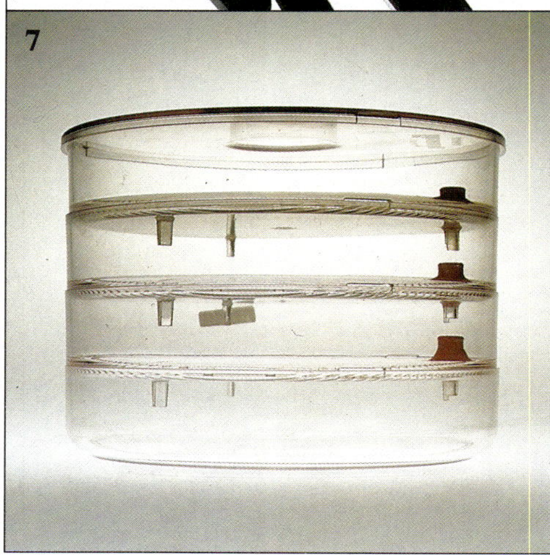
7

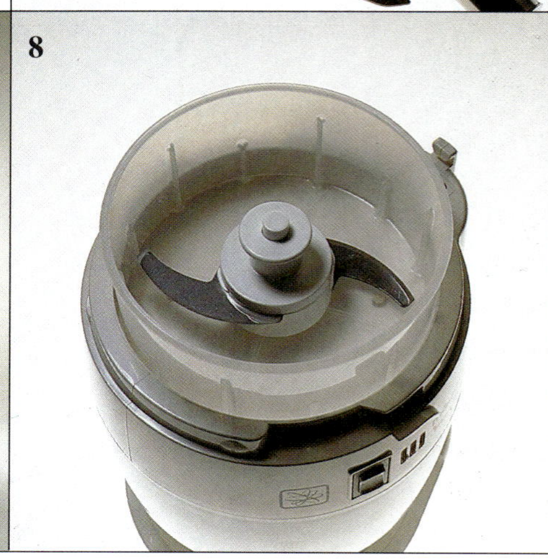
8

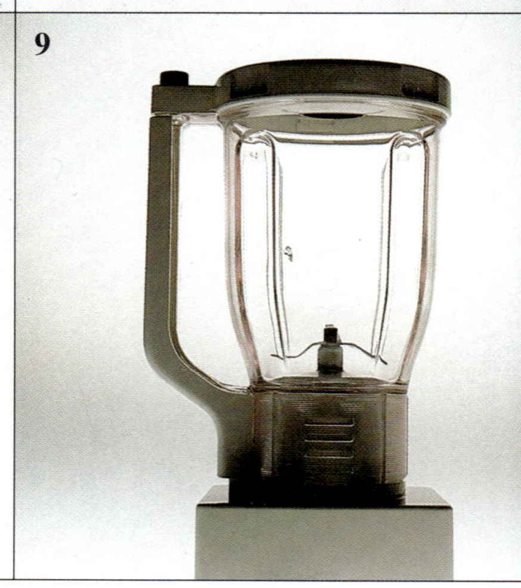
9

Wichtige Küchenhelfer

Nur mit gutem Werkzeug läßt sich vernünftig arbeiten. Eine Binsenweisheit, gewiß. Sie gilt jedoch für die private Küche genauso wie für den Profi-Betrieb. Sicher, gutes Küchengerät ist in der Anschaffung teurer. Aber am Ende preiswerter als Billigware, die schnell kaputtgeht — oder nicht richtig funktioniert und dann aus Verdruß weggeworfen wird.

Mit einem Messer **(1)** beginnt fast jede Arbeit in der Küche. Gute Messer kosten viel Geld, doch die Investition lohnt. Billigprodukte werden nämlich einfach aus Stahl ausgestanzt, lassen sich schwer nachschärfen und haben oft unhandliche Griffe, die sich im Gebrauch schnell lokkern. Eine gefährliche Sache also! Spitzenprodukte mit geschmiedeten, gehärteten Klingen aus Spezialstahl erfordern dagegen bis zu 38 Arbeitsgänge bei der Herstellung und haben gut geformte, dreifach vernietete Griffe aus Edelholz oder angespritzte aus Kunststoff. Kein Wunder also, daß der Preis für ein solches Messer hoch ist. Dafür hält es aber auch viele Jahre, liegt sicher in der Hand und läßt sich leicht schärfen. Dafür einen Wetzstahl in die linke Hand nehmen und die Messerklinge im Winkel von etwa 20 Grad — also flach — in Richtung Schneide über den Stahl streichen. Beim Kauf erkennt man gute geschmiedete Messer an der Verdickung des Metalls zwischen Klinge und Griff.

Gute Schneebesen **(2)** haben lange Drahtschlaufen, die durch ihre Eigenschwingungen die Bewegung aus dem Handgelenk verstärken. Kleinere Ausführungen — Tassen- oder Saucenbesen genannt — mit weniger und kürzeren Schlingen dienen auch zum Rühren von gebundenen Suppen, Cremes und Pürees, bei denen es nur aufs Vermischen und nicht auf stabilen Schaum ankommt. Perl- oder Kugelausstecher werden in der "grande cuisine" zum Herstellen von Obst- oder Gemüseperlen gebraucht. Bei den Backpinseln kommt es auf eine feste Heftung der Borsten an.

Soufflé- und Timbaleförmchen **(3)** spielen in der Hesslerschen Küche eine große Rolle. Doris-Katharina benutzt ausschließlich solche aus Edelstahl. Damit Soufflés gut aufgehen, müssen die Formen senkrechte Wände haben. Formen aus Hartkeramik sind ebenfalls gut brauchbar, bedingen aber längere Garzeiten.

Siebe **(4)** gehören bei Hessler zu den meistgebrauchten Geräten. Zum Passieren von Suppen, Saucen und Farcen haben sie eine Öffnungsweite von ca. 2 Millimeter, sind also nicht allzu engmaschig. Das flache Sieb auf dem Holzreif dient zum Durchstreichen von Farcen.

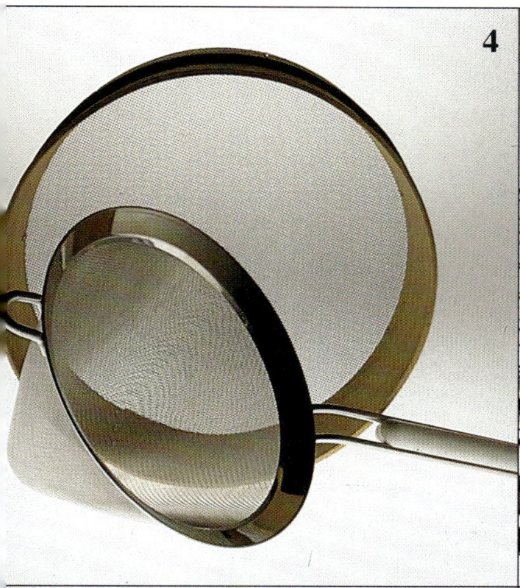
4

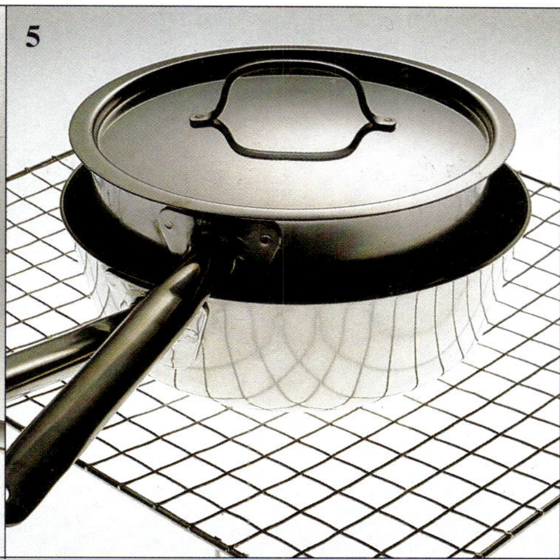
5

6

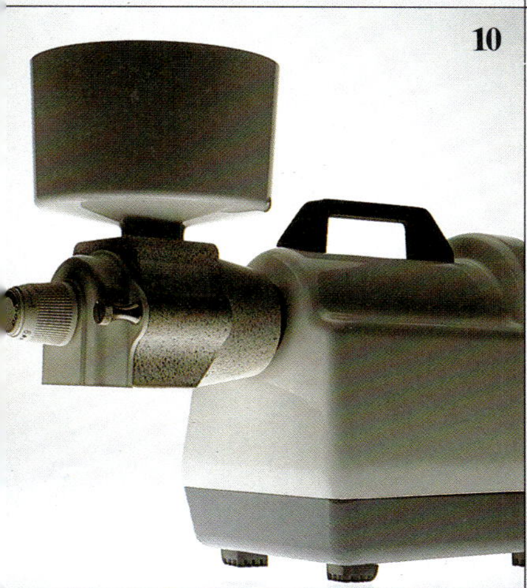
10

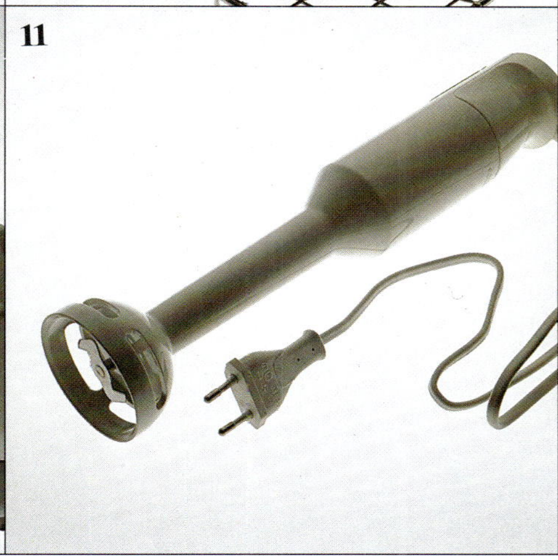
11

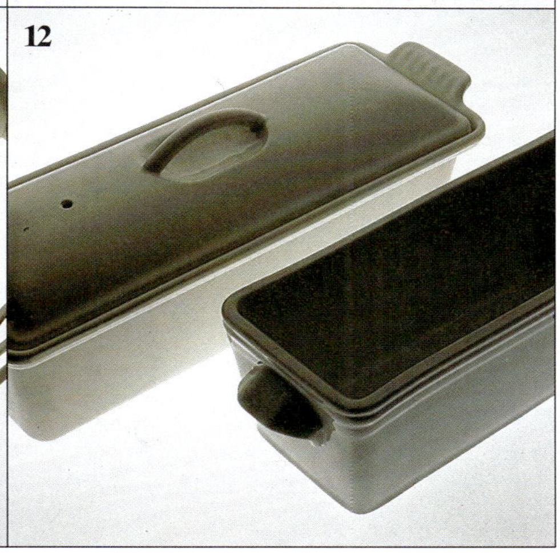
12

In Kasserollen **(5)** werden Gemüse gegart, Fonds reduziert, Saucen vollendet. Sie müssen stabil sein. Stielkasserollen lassen sich leichter, nämlich einhändig, handhaben als solche mit kurzen Griffen an beiden Seiten. Zum Aufschlagen von Saucen mit dem Mixstab eignen sich Kasserollen mit hohen, senkrechten Wänden am besten.
Pfannen **(6)** müssen ebenso wie Töpfe und Kasserollen einen ebenen, dicken Boden haben, der glatt auf der Herdplatte aufliegt, bzw. bei Gas die Wärme von den Flammenspitzen gleichmäßig verteilt. Für Hesslers Küche müssen die Griffe hitzefest sein, weil bei ihr das Fleisch nach dem Anbraten zum Fertiggaren häufig in den Ofen kommt. Zum Braten und Backen ohne Fett werden Pfannen mit Antihaftbeschichtung benutzt. Besonders gut, weil stabil, relativ schwer und standsicher ist Gußaluminium mit Beschichtung.
Im Keimgerät **(7)** wachsen aus Samenkörnern die für die Vollwert-Ernährung so wichtigen Keimlinge. Auch wenn es hier auf drei Etagen zugleich sprießt, braucht man nur einmal zu gießen, überschüssiges Wasser läuft ab.
Die Messermühle **(8)**, bekannter unter Markennamen wie Moulinette oder Mixette, ist ein Haushaltsgerät, das auch in Hesslers Profiküche eingesetzt wird: zum feinen Kuttern von Fleisch- und Fischfarcen und bei der Herstellung von Kräutersaucen. Die Messer müssen regelmäßig nachgeschliffen oder ausgetauscht werden.
Saucen, Cremes und Suppen: Der Mixer **(9)** ist bei Hessler ständig im Einsatz. Sie arbeitet übrigens mit einem schlichten Haushaltsgerät, dessen Motorblock seit 1976 unter Profistreß arbeitet.
Die Getreidemühle **(10)** ist eines der wichtigsten Geräte bei Hessler. Eine mit Stahlmahlwerk wird für stark ölhaltige Saaten wie z. B. Mohn benutzt. Ein größeres Modell mit Mahlstein aus Granit ist dem Getreide vorbehalten. Wer selbst oft mahlt und gute Ergebnisse erwartet, sollte bei der Anschaffung einer Mühle lieber ein paar Mark mehr ausgeben. Der Motor des abgebildeten Modells kann auch als Antrieb für einen Fleischwolf dienen.
Ohne den Stabmixer **(11)** könnte Doris-Katharina Hessler nicht ihre berühmten Saucen zaubern — er sorgt für die schaumige, leichte Konsistenz. Das preiswerte, handliche Gerät läßt sich auch in heißen Töpfen auf dem Herd einsetzen.
Terrinenformen **(12)** aus emailliertem Gußeisen werden auch für Sülzen, Parfaits und Mousses gebraucht. Sie sind besonders Unempfindlich und halten auch Temperaturschwankungen (Kühlschrank — Backofen) aus.

Ein Blick in die Trickkiste

ESSIG-HERSTELLUNG:

So wird Wein zum Weinessig: Rot- oder Weißwein verdünnen und in ein Glas- oder Edelstahlgefäß füllen. Die Umwandlung von Alkohol in Essig besorgt die "Essigmutter", ein Stamm von Essigsäurebakterien. Das Gefäß nicht fest verschließen, nur mit einem Tuch luftdurchlässig abdecken.

Fertiger Essig, selbstgemachter wie gekaufter, läßt sich auf vielfältige Weise aromatisieren. Hier sind es Limetten (Fruchtfleisch und Streifen der Schale) und frische Estragonblätter. Nach zwei bis drei Wochen wird der Essig durchgefiltert und in Flaschen abgefüllt.

Die Grundlagen der guten Küche sind überall ziemlich gleich. Es sind Nuancen, die den persönlichen Stil ausmachen; sie reichen von den Grundzubereitungen bis zum Abschmecken.
Hesslers persönliche Handschrift ist stärker ausgeprägt als bei vielen Kollegen, die ihr Handwerk in Häusern mit konservativer Küche gelernt haben.

VOLLKORN

Eine wichtige Zutat der Hesslerschen Küche ist das Vollkorn. Der Umgang mit Vollkornmehl ist oft schwieriger als der mit weißem Mehl. Teige und Massen aus Vollkornmehl brauchen eine etwa viermal längere Quellzeit — zwei Stunden bei einem Pfannkuchenteig anstatt 30 Minuten. Im Laufe der Jahre hat Doris-Katharina Hessler mit verschiedenen Mühlen experimentiert. Als ideal erwies sich ein Modell mit großdimensioniertem Steinmahlwerk, das zudem durch ein Gebläse gekühlt wird. Damit wird volles Korn so gleichmäßig gemahlen, daß mit diesem Mehl auch Nudel- und Blätterteig gelingen. Bei Mühlen, die kein so gutes Ergebnis liefern, kann man sich behelfen, indem man das Mehl siebt, um die gröberen Partikel zurückzuhalten, oder dadurch, daß man etwas Weißmehl dazugibt. Vollkornmehl gibt es auch abgepackt zu kaufen. In den geschlossenen Packungen ist es durch Ausschluß von Sauerstoff vor dem Ranzigwerden geschützt und deshalb bei kühler Lagerung etwa ein Jahr haltbar. Einmal geöffnet, muß dieses Mehl schnell verbraucht werden. Wer nicht gleich in eine Mühle investieren will, kann sich sein Getreide auch im Reformhaus oder Naturkostladen jeweils frisch mahlen lassen.
Teige für Nudeln und Strudel ruhen bei Hessler übrigens nicht im Kühlschrank, sondern in der warmen Küche, was der gewünschten Elastizität gut bekommt. Klarsichtfolie schützt die Oberfläche vor dem Antrocknen. Nach dem Ausrollen zwischen den Walzen einer Nudelmaschine kommen die Teigwaren ohne zu trocknen gleich ins siedende Salzwasser.

FONDS

Beim Ansetzen von Fleischfonds verwendet Hessler mehr Gemüse als üblich. Mit Sellerie geht sie verschwenderisch um, verwendet Knolle und Stengel gleichzeitig, weil sie den herben, kräftigen Geschmack schätzt, den dieses Gemüse bringt. Beim Anrösten von Fleisch und Knochen für Fonds, insbesondere bei Entenkarkassen, wird das Fett mehrfach abgeschöpft, damit nicht aus dem Rösten ein Schmoren wird.

Das Entfetten ihrer Fleischbrühen besorgt Hessler auf die einfachste Art: durch Kaltstellen, wobei das Fett erstarrt und als Platte abgehoben werden kann. Muß es einmal schnell gehen, stellt sie das Ganze in den Tiefkühler.
Für vegetarische Zubereitungen wird aus den Wurzelabschnitten, die etwa beim Ausstechen von Möhren- oder Sellerieperlen anfallen, mit einer Zwiebel, etwas Lauch und Gewürzen ein Gemüsefond hergestellt, der lange vor sich hinköchelt. Durch Zugabe immer neuer Gemüse wird daraus nach und nach eine kräftige Essenz, die mit ihrem Aroma beim Würzen sogar Salz ersetzen kann.

SELBSTGEMACHTER ESSIG

Essig kommt in Hesslers Küche nicht bloß in der Einzahl vor. Sie liebt es, für ihre Saucen aus einer ganzen Essigpalette schöpfen zu können. Viele Sorten sind selbstgemacht. Das Ansetzen ist ganz einfach. Man braucht dazu außer Rot- oder Weißwein eine Essigmutter — ein Stamm von Bakterien, die davon leben, Alkohol in Essig zu verwandeln. Eine Essigmutter bekommt man im Reformhaus oder Naturkostladen. Damit der Essig nicht zu stark wird, verdünnt man den Ausgangswein mit Wasser. Ein Volumenprozent Alkohol ergibt ein Prozent Säure. Will man zum Beispiel aus Wein mit 13 Prozent Alkohol einen Essig mit 7 Prozent Säure gewinnen, wird ein Liter Wein mit 850 ml Wasser verlängert. Das Gefäß für die Essigherstellung muß säurefest sein (die Glasuren vieler Tonwaren sind es nicht). Glas ist geeignet, auch Edelstahl. Das Gefäß muß eine Öffnung haben, damit der für die Oxidation von Alkohol zu Essig notwendige Luftsauerstoff Zutritt hat.
Die Essigwerdung dauert zwei bis drei Wochen bei einer Umgebungstemperatur von 25 bis 30 Grad — bei Hessler stehen die Essigbehälter in einem Raum, der von den Aggregaten der Kühlgeräte erwärmt wird.
Ein besonderes Rezept ist ihr Apfel-Honig-Essig. Dazu werden 0,7 Liter Weißwein mit 0,3 Liter naturtrübem Apfelsaft und 1 bis 2 Eßlöffel Honig auf der Essigmutter angesetzt.
Der zweite Schritt bei der Essigbereitung ist das Aromatisieren — mit Kräutern, Früchten oder Gewürzen. Rotweinessig zum Beispiel mit Rosmarin und Thymian. Aber auch mit Himbeeren. Weißweinessig mit Estragon, mit Schalotten oder Knoblauch. Eine ihr ganz eigene Spezialität ist Limettenessig: aus Weißwein mit Fruchtfleisch und Streifen von der Limettenschale. Natürlich kann man auch fertig gekauften Wein- oder Obstessig auf diese Weise aromatisieren.

GEKLÄRTE BUTTER

Fleisch und Fisch brät Hessler in der Regel in geklärter Butter. Solches Butterschmalz, also von Wasser und Eiweiß befreites Butterfett, gibt es auch fertig zu kaufen, aber sie zieht es vor, es aus frischer Butter herzustellen. Dazu wird die Butter geschmolzen und auf 100 Grad erhitzt. Das Wasser verdampft, das Molkeneiweiß gerinnt auf der Oberfläche zu Schaum und kann so leicht abgefiltert werden.

KLARSICHTFOLIE

Selbsthaftende Klarsichtfolie benutzt Hessler zum Auslegen von Formen für Mousses, Parfaits und Sülzen. Die Folie wird durch kaltes Wasser gezogen und dann mit einem Tuch in die Form gedrückt, damit darunter keine Luftblasen bleiben. Dank der Folie ist das Stürzen dieser Speisen dann ein Kinderspiel.

BUTTER KLÄREN:

Die Butter in einer hochwandigen Kasserole auf mittlerer Hitze schmelzen bis sie aufschäumt.

Dabei verdampft das Wasser und das Molkeneiweiß gerinnt. Man sieht es an den hellen Flocken auf der Oberfläche.

Ein Sieb mit einer zweifach gelegten Baumwollwindel oder mit einem speziellen Passiertuch auslegen. Das flüssige Butterfett darin durchseihen, damit die Eiweißflocken entfernt werden.

Öle und Fette: Träger von Energie und Geschmack

GANZ OHNE FETTE GEHT ES NICHT

Fett ist ein wichtiger Bestandteil unserer täglichen Ernährung. Es versorgt den Körper mit Energie. Ohne Fett könnten wir die fettlöslichen Vitamine A, D und E nicht aufnehmen. Die mehrfach ungesättigten Fettsäuren haben eine zentrale Rolle im Stoffwechsel. Fett spielt aber auch beim Genuß eine wichtige Rolle. Viele Geschmacksstoffe entfalten erst in Verbindung mit Fett ihre Wirkung.

FETT IST NICHT GLEICH FETT

Einmal unterscheiden wir nach der Herkunft pflanzliche und tierische Fette, zum anderen nach der Beschaffenheit flüssige, weiche und feste. Fette mit einem hohen Gehalt an gesättigten Fettsäuren sind fest. Öle sind reich an den lebenswichtigen mehrfach ungesättigten Fettsäuren. Weiches Fett wie Margarine ist eine Mischung von beiden. Margarine erhält die streichfähige Konsistenz entweder durch teilweise Härtung von Pflanzenölen oder durch einen Anteil von Kokos- oder Palmkernfett, das von Natur aus fest ist. Bei Speisefetten wie Butter, Margarine, Speiseölen, Brat- und Fritierfetten sowie Schlachtfetten (Schmalz und Talg), können wir die Mengen beim Kochen selbst bestimmen. Fett ist jedoch nicht immer auf den ersten Blick erkennbar. Verarbeitet, also "versteckt" kommt es vor allem in Wurst und Käse, in Gebäck und Schokolade vor. Diese Lebensmittel bestehen manchmal bis zur Hälfte aus reinem Fett.

AUF DIE RICHTIGE MENGE KOMMT ES AN

Ob sichtbar oder versteckt, weniger Fett wäre für die meisten von uns gesünder. Der Fettanteil der Durchschnittskost ist zu hoch — er macht 40 Prozent der täglichen Kalorien aus. Ideal wäre aber 30 Prozent. Sparen sollten wir vor allem beim Fett tierischen Ursprungs, das dem Körper mit gesättigten Fettsäuren und dem Problemstoff Cholesterin belastet. Zuviel davon kann nicht nur

dick machen, sondern auch Gefäßerkrankungen begünstigen. Schädlich ist nicht das gelegentlich mit Appetit verzehrte Schmalzbrot, sondern das tagtägliche Zuviel an Fett.

WIE KANN MAN FETT SPAREN?

Ein gut belegtes Wurst- oder Käsebrot wird leichter, wenn man das Streichfett wegläßt. Gemüse am besten in etwas Brühe garen und erst zuletzt in wenig Butter oder kaltgepreßtem Öl schwenken. Von Bratensaucen und Suppen gründlich das Fett abschöpfen. Beim Einkauf die Packungsaufschrift lesen oder nachfragen. Käse ist übrigens im allgemeinen fettärmer als Wurst. Die Fettangaben kann man hier getrost durch 2 teilen, denn 60 Prozent “Fett i.Tr.” — Fett in der Trockenmasse — entsprechen dann ca. 30 Gramm Fett in 100 Gramm Käse. Bei Fleischwaren wird das Fett absolut angegeben. Satte 40-50 Gramm und noch mehr sind in 100 Gramm Wurst keine Seltenheit.

Ein weiteres Beispiel für viel verstecktes Fett sind Kartoffelchips. Sie enthalten durch das Fritieren bis zu 40 Prozent Fett, während die rohen Kartoffeln praktisch fettfrei sind. Und Eier haben soviel Fett wie Eiweiß, es ist allerdings auf den Dotter konzentriert. Durch Zubereitungsarten wie Dünsten, Dämpfen und Grillen oder Garen in der Folie, in beschichteten Töpfen und Pfannen läßt sich ebenfalls eine Menge Fett einsparen. Dagegen sind panierte, gebratene und fritierte Fleisch- oder Fischstücke besonders fettreich und sollten deshalb nicht allzu häufig auf dem Speiseplan stehen.

WELCHE FETTE SIND GESUND?

Die Linolsäure, von der unser Körper ungefähr zehn Gramm pro Tag benötigt, kommt hauptsächlich in Pflanzenölen vor. Ein Eßlöffel Sonnenblumenöl enthält diese Menge bereits. Den höchsten Linolsäuregehalt weist Distelöl (Safloröl) auf. Alle Keimöle sind zusätzlich noch reich an Vitamin E. Pflanzliche Fette enthalten kein Cholesterin. Also: Bei Fleisch, Wurst und Käse an Fett sparen und dafür lieber zu pflanzlichen Fetten greifen. Nach neueren Erkenntnissen sind gerade im Fisch für die Gesundheit wichtige Fettbestandteile enthalten — die sogenannten omega-3-Fettsäuren.

In Kaltwasserfischen wie Makrelen, Heringen und Lachsen kommen sie besonders reichlich vor. Wer also einmal die Woche eine solche Fischmahlzeit einplant, tut viel für seine Gesundheit.

WELCHES FETT WOFÜR?

In der Vollwert-Küche werden kaltgepreßte, unraffinierte Pflanzenöle für Salate, Butter und ungehärtete Pflanzenmargarine als Streich-, Koch- und Backfette sowie Kokosfett zum Braten bevorzugt. Butter verfeinert viele Speisen, z. B, Gemüse und Saucen. Olivenöl ist ein klassisches Speiseöl, das zwar verhältnismäßig wenig mehrfach ungesättigte Fettsäuren enthält, aber dafür andere günstige Bestandteile hat. Bei kaltgepreßten Pflanzenölen kommt es besonders auf die guten Rohstoffe an. Billigprodukte können zum Beispiel Rückstände von Pflanzenschutzmitteln enthalten. Gute Sorten weisen alle natürlichen, typischen Farb- und Geschmackseigenschaften der Ölfrüchte auf. Neben ihrem hohen Gesundheitswert sind kaltgepreßte Öle aus Walnüssen oder Sesamsaat, Sonnenblumen-, Kürbis- oder Traubenkernen schmackhafte Spezialitäten in der Feinschmeckerküche. Einfache Tafel- oder Pflanzenöle werden nicht gepreßt, sondern chemisch mit Lösungsmitteln extrahiert und anschließend raffiniert. Dabei gehen die typische Farbe und das Aroma verloren. Alle raffinierten Öle schmecken deshalb gleich und sehen klar und hell aus. Sie sind aber im Gegensatz zu kaltgepreßten Ölen lagerfähig und enthalten grundsätzlich keine Rückstände von Pflanzenschutzmitteln. Die Raffination hat keinen Einfluß auf den Linolsäuregehalt des Öls, jedoch gehen 10-20 Prozent vom ursprünglich vorhandenen Vitamin E verloren.

FETT RICHTIG BEHANDELN

Kaltgepreßte Öle mit ihrem hohen Gehalt an mehrfach ungesättigten Fettsäuren sind empfindlich gegen Luft, Licht und hohe Temperaturen. Sie sollten kühl und dunkel aufbewahrt und nach Anbruch bald verbraucht werden. Deshalb werden sie für den Haushalt auch in kleinen Mengen angeboten. Zum Braten sind sie viel zu schade. Diese aromatischen Öle eignen sich am besten für Rohkostsalate. Man kann sie auch, ebenso wie Butter, den Speisen nach dem Garen zugeben. Zum Braten und Fritieren nimmt man besser Kokosfett oder einfaches Pflanzenöl. Butter und Margarine enthalten Wasser und spritzen bei stärkerem Erhitzen. Das ebenfalls enthaltene Eiweiß verbrennt und die Butter wird schwarz. Sie bekommt einen bitteren Geschmack. Darum wird Butter zum Braten geklärt, d.h. bei niedrigen Temperaturen geschmolzen, damit sich Wasser und Eiweiß absetzen.

Je nach Zusammensetzung beginnt aber jede Fettsorte bei einer bestimmten Temperatur zu rauchen (Rauchpunkt). Dies und ein stechender Geruch sind deutliche Anzeichen für eine Fettzersetzung. Dabei entstehen gesundheitsschädliche Substanzen, insbesondere wenn die Erhitzung über längere Zeit erfolgt, oder die Fette öfter verwendet werden, z.B. beim Fritieren. Solche Fette nicht mehr verwenden und um Restaurants und Imbißstände einen großen Bogen machen, wenn es nach altem Fett riecht.

Getreide: Unser wichtigstes Nahrungsmittel

WAS TUN VOLLKORN-PRODUKTE FÜR DEN KÖRPER?

Das volle Korn enthält noch alle Nährstoffe des Getreides: den stärke- und eiweißreichen Mehlkörper, die ballaststoff- und mineralstoffreichen Randschichten sowie den Keimling.
Der Keim macht zwar nur 2-3 Prozent vom Gewicht des Korns aus, enthält aber das wertvolle Keimöl, die Vitamine A und E, Vitamine der B-Gruppe, sowie Kalium, Magnesium und Eisen. Durch die besondere Zusammensetzung wirken Vollkornprodukte vorbeugend gegen eine Reihe von Zivilisationskrankheiten: Sie zwingen zu kräftigem Kauen und stärken so Zähne und Zahnfleisch. Die enthaltenen Ballaststoffe binden überschüssige Magensäure und kräftigen den Darm. Durch den schnellen Transport werden schädliche Stoffe aus dem Darm ausgeschieden, bevor sie vom Körper aufgenommen werden können.
Außerdem: Vollkornprodukte sättigen anhaltender als Weißmehlerzeugnisse und regulieren so letztlich auch das Körpergewicht. Wer viel Getreide ißt, bekommt automatisch genügend pflanzliches Eiweiß. Überdies ergänzt sich das Getreideeiweiß in idealer Weise mit Milch, Ei, Nüssen und Hülsenfrüchten. Ein Müsli aus Weizen- oder Haferflocken mit Milch, ein Vollkornbrot mit Käse oder das Frühstücksei zum Grahambrötchen sind ebenso wie Bohnen mit Mais oder Linseneintopf mit einer Scheibe Brot gute Beispiele für vollwertige Eiweißkombinationen.
Das ist besonders dann wichtig zu wissen, wenn man weniger oder kein Fleisch essen möchte. Denn: Nicht Fleisch liefert das hochwertigste Eiweiß; die Kombination von Getreide und Milch oder Ei ist für den Körper noch wertvoller.

AUSMAHLUNGSGRAD – OFT FALSCH VERSTANDEN

Um diesen Begriff herrscht beim Mehl einige Verwirrung. Mancher meint, "niedrig ausgemahlen" heiße

wenig verarbeitet, was einem höheren Gehalt an Vitaminen und Mineralstoffen gleichkäme. Das Gegenteil ist richtig. Der Ausmahlungsgrad gibt an, wieviel vom vollen Korn im Mehl enthalten ist. Vollkornmehl hat einen Ausmahlungsgrad von 100 Prozent. Weißes Mehl ist niedrig ausgemahlen und enthält nur 60 bis 70 Prozent vom ganzen Korn. Die Typenzahl auf der Mehlpackung gibt an, wieviel Milligramm Asche, also unverbrennbare Mineralstoffe in 100 Gramm Mehl enthalten sind. Beim gängigen Weizenmehl der Type 405 also 405 mg Mineralstoffe auf 100 g, bei der Type 1050 mehr als das Doppelte. Folglich gilt: Hohe Typenzahl = hoher Ausmahlungsgrad = dunkle Mehlfarbe = hoher Gehalt an Vitaminen, Mineral- und Ballaststoffen. Beim Vollkornschrot und -mehl muß auf der Verpackung keine Typenzahl aufgedruckt sein, denn alle Bestandteile des Korns sind enthalten.
Übrigens: Wer nicht nur Vollkornmehl verwenden will, hat beim Weizen mit der Type 1050 schon einen guten Griff getan. Diese Mehlsorte enthält ca. 50 Prozent mehr Vitamin B_1 als die gängigen Typen 405 und 550.

VOLLKORN IST EMPFINDLICH

Ganze Körner können Jahrtausende überstehen. Mehl und Schrot dagegen sind nur kurze Zeit haltbar, besonders wenn der fetthaltige Keim noch vorhanden ist. Beim gebrochenen Korn sind es die ungesättigten Fettsäuren, die schnell ranzig werden. Darum Getreide erst kurz vor der Verwendung mahlen. Frische ist hier ein wichtiges Qualitätskriterium. Für Vollkornflocken werden ganze Getreidekörner zwischen Walzen flachgequetscht. Durch das Vorquellen in feuchter Wärme und das anschließende Trocknen entsteht der typische Geschmack. So vorbehandelte Flocken sind lange haltbar, etwa ein Jahr, und gut bekömmlich. Ein geringfügiger Vitamin B_1-Verlust muß dafür in Kauf genommen werden.

MANCHE MENSCHEN VERTRAGEN KEIN GETREIDE. WARUM?

Eine Umstellung auf Vollkorn von heute auf morgen kann Probleme bereiten, denn der Körper muß sich mit seinen Verdauungsorganen erst auf die gröbere Kost einstellen. Steigern Sie deshalb die Mengen langsam. Feingemahlen sind Vollkornprodukte besser verträglich. Ganze Körner sollten vor dem Kochen eingeweicht und dann gründlich gegart werden. Einige Menschen leiden jedoch an einer Art Allergie gegen Gluten, einem Eiweißbestandteil, der in Weizen, Roggen, Gerste, Dinkel und Hafer vorkommt. Die Betroffenen müssen auf glutenfreie Getreide wie Reis, Mais, Hirse und Buchweizen ausweichen.

GETREIDESORTEN AUF EINEN BLICK

Ob Hirse, Hafer oder Weizen, alle liefern Stärke, Eiweiß und Ballaststoffe. Doch in jeweils unterschiedlichen Mengen und Zusammensetzungen.
Auch der Gehalt an Vitaminen und Spurenelementen ist je nach Getreideart, Anbaubedingungen und Klima sehr unterschiedlich. Wer sich vollwertig ernähren möchte — und nicht beim Körnereinerlei die Lust am Essen verlieren will, sollte auch hier für Abwechslung auf dem Tisch sorgen.

WEIZEN

Vielseitigste Körnersorte, läßt sich zu Brot, Nudeln, Brei und süßem Gebäck verarbeiten.

ROGGEN

Bei uns hauptsächlich zum Brotbacken verwendet. Als grobes Vollkornbrot für einige Menschen schwer verdaulich.

HAFER

Getreide, das überwiegend als Flocken gegessen wird. Eiweißreich, leicht verdaulich und durch Schleimstoffe extrem magenfreundlich.

BUCHWEIZEN

Kein echtes Getreide, sondern der Samen eines anspruchslosen Knöterichgewächses.
Im Gesundheitswert etwa vergleichbar mit Roggen oder Weizen, allerdings hauptsächlich für Brei und Pfannkuchen zu verwenden.

GERSTE

Bei uns vor allem zum Bierbrauen gebraucht, aber auch in der Küche ein wertvolles, gut verdauliches Getreide. Die geschälte Gerste (Graupen) ist ballaststoffarm. Gerstenmehl oder -grütze sind deshalb vorzuziehen.

HIRSE

Nährstoffreicher als alle anderen Getreidesorten (Ausnahme: Hafer). Hoher Anteil an Eiweiß, das keine Ergänzung von Milch oder Eiern braucht. Vielseitig verwendbar.

DINKEL

Alte Weizensorte, die hauptsächlich unreif geerntet zu Grünkern verarbeitet wird. Durch sein besonderes Aroma ist Grünkern in der Vollwertküche besonders geschätzt.

REIS

Gundnahrungsmittel für Milliarden von Menschen. Polierter, weißer Reis ist jedoch arm an Vitaminen, Ballast- und Mineralstoffen. Natur- oder Vollkornreis schmeckt herzhafter und ist außerdem nährstoffreicher.

WILDREIS

Auch Indianerreis genannt. Kein Reis, sondern der Samen eines nordamerikanischen Wassergrases. Oft als Beilage für Geflügel und Wildgeflügel.

Süßes: Vom Ahornsirup bis zum Zucker

Zucker "zaubert", wenn man ihn ganz sparsam als Gewürz verwendet. Er wirkt, genau wie Salz, als Geschmacksverstärker, der den Eigengeschmack der jeweiligen Speisen hervorhebt. Bekannt ist auch die konservierende Wirkung von Zucker, die man z.B. beim Einkochen nutzt. Dem Pro-Kopf-Verbrauch nach ist aber Zucker bei uns fast noch ein Grundnahrungsmittel.

ZUCKER BRAUCHT DAS VITAMIN B_1

Zucker, wie er über das Blut zu den Zellen transportiert wird, ist die Energie, mit der Muskeln, Gehirn und Nerven am besten arbeiten können. Nur muß man ihn dafür nicht löffelweise konsumieren. Der Körper holt ihn sich am liebsten aus stärkereichen Lebensmitteln wie Brot, Kartoffeln oder Nudeln, denn da werden gleichzeitig andere lebenswichtige Stoffe mitgeliefert. Ebenso günstig und zuckerreich sind alle Früchte, die zudem viele wertvolle Vitamine und Mineralstoffe enthalten. Kartoffeln, Vollkornprodukte und Hülsenfrüchte bieten sogar den Vorteil, daß sie das für die Zuckerverwertung in der Zelle wichtige Vitamin B_1 gleich mitliefern. Reiner Zucker ist dagegen pure Energie und enthält kein Vitamin B_1. Aus stärkereichen Lebensmitteln gelangt der Zucker außerdem gleichmäßig ins Blut, so daß Blutzucker- und Leistungsschwankungen vermieden werden. Dazu tragen ebenfalls die mitgelieferten Ballaststoffe bei. Wir sollten Zucker also in der richtigen "Verpackung" und Dosierung essen. Vollkorn- statt Weißmehl, Süßes ab und zu, aber dann mit Genuß. Nur wenn Naschen zur ständigen Ersatzmahlzeit wird, sprechen wir von "Nährstoffverdrängung". Dann fehlt uns nach den Süßigkeiten der Appetit auf ein nährstoffreiches Essen und die nötigen Vitamine und Mineralstoffe kommen zu kurz.

MACHT SÜSSES FIT UND VERGNÜGT?

Der Wunsch nach Süßem ist ganz natürlich. Oft werden wir aber schon im Kleinkindalter mit Süßigkeiten belohnt. Süßes wird sogar zum Ersatz für fehlende Zuwendung. Auch das Gegenteil davon — das Verbot von Zucker und Süßigkeiten — führt meist dazu, daß wir nicht den richtigen Umgang mit Süßem lernen. So wird Naschen zum Symbol für Belohnung und soll Trost bei Kummer und Einsamkeit spenden. Mancher entwickelt ständig ein schlechtes Gewissen, wenn er Süßes ißt. Strenge Verbote führen dann oft sogar zu einem besonderen Heißhunger.

Ein ausgeprägter Süßhunger entwickelt sich auch bei kohlenhydratarmen Schlankheitsdiäten (Steak- und Eierdiäten). Der Körper benötigt nämlich für die körperliche und geistige Fitneß sowie rundum für das Wohlbefinden viele Kohlenhydrate, am besten in Form von stärke- und zuckerhaltigen Lebensmitteln. Studien haben gezeigt, daß sogar die Stimmungslage von einer kohlenhydratreichen Kost profitiert. In der Fitneß- und Sporternährung ist längst bekannt, daß Kohlenhydrate dem Erfolg Nahrung geben. 2/3 Stärke und 1/3 Süßes, bezogen auf den Gesamtkohlenhydratgehalt der Nahrung, ist ein guter Anhaltspunkt.

GIBT ES DIE GESUNDE SÜSSE?

Natürlich, süße Lebensmittel sind sicher gesünder als Haushaltszucker (weißer Kristallzucker). Der Chemiker spricht hier von einem Disaccharid (Zweifachzucker) oder von Saccharose. Zucker besteht also aus zwei Teilen, nämlich Glucose und Fructose, auf deutsch: Trauben- und Fruchtzucker. Alle Zuckersorten bestehen letztlich aus diesen beiden Bestandteilen — egal ob wir Rohzucker, braunen Zucker oder Kandis wählen. Auch das Süßen mit reinem Traubenzucker oder reinem Fruchtzucker bringt keine Vorteile, es sei denn für Diabetiker, die nur Fruchtzucker ohne Insulin verwerten können. Brauner Rohrzucker ist nicht vollständig gereinigte Saccharose; er enthält noch mineralstoffhaltige Melasse. Der Gehalt an Mineralstoffen ist aber so gering, daß er für den menschlichen Organismus praktisch ohne Bedeutung ist. Rohzucker ist nicht "gesünder", er schmeckt aber kräftiger als weißer Zucker.

Honig wird von Bienen aus den süßen Säften von Pflanzenteilen gebildet und enthält etwa 80 Prozent Zucker. Außerdem geringe Mengen an Mineralstoffen sowie Blütenpollen und Enzyme. Aus der "Tracht", also den Blüten, an denen die Bienen gesammelt haben, bezieht Honig seinen typischen Geschmack, seine Farbe und Konsistenz. Sein Aroma macht Honig zum beliebten Süßungsmittel in Tee, Müsli und Backwaren. Ganz ähnliche Eigenschaften hat übrigens Ahornsirup. Er wird aus dem Saft angeritzter Bäume eingedickt, ist sehr aromatisch und enthält etwa 70 Prozent reinen Zukker.

Wenn wir unseren hohen Konsum von weißem Zucker bloß durch Rohzucker oder Honig ersetzen würden, wäre für unsere Gesundheit noch nicht viel gewonnen. Wir sollten insgesamt weniger Süßes verzehren. Das gilt auch für die Zuckeraustauschstoffe, die vor allem bei Diabetes, der "Zukkerkrankheit", anstelle von Haushalts- oder Traubenzucker eingesetzt werden. Diabetiker dürfen auch keinen Honig essen, wohl aber begrenzte Mengen an Fructose, Sorbit und Xylit. Sie haben aber einen dem Haushaltszucker vergleichbaren Energiegehalt. Diese Zuckeraustauschstoffe sind wie Zucker reine Kalorienträger und enthalten weder Vitamine noch Mineralstoffe.

WAS HEISST DENN NUN ZUCKERFREI?

Mit dem Begriff "zukkerfrei" wird für Produkte geworben, die Zuckeraustauschstoffe oder Süßstoffe enthalten. Der Austauschstoff Xylit hat den Vorzug, daß er nicht kariesfördernd wirkt. Kohlenhydratfrei sind jedoch nur die künstlichen Süßstoffe, wobei Saccharin und Cyclamat auch energiefrei, das aus den Aminosäuren Asparaginsäure und Phenylalanin bestehende Aspartam praktisch energiefrei ist. Aspartam eignet sich zum Süßen von Getränken und Speisen; es ist aber nicht hitzebeständig, so daß es beim Backen oder Kochen seine Wirkung einbüßt. Wer sein Verlangen nach Süßem nicht anders in den Griff bekommt, kann durch Süßstoff Kalorien und Zucker einsparen. Durch Geschmackstraining sollte aber das Verlangen nach Süßem allmählich auf ein vernünftiges Maß reduziert werden.

SÜSSEN IN DER VOLLWERTKÜCHE

Zum Süßen eines Müslis reichen frische Früchte oder Trockenobst. Honig gilt als natürliches Süßungsmittel, das allerdings sparsam verwendet werden soll. Interessante Alternativen zum Zucker sind übrigens auch Zuckerrübensirup (-"kraut") und insbesondere Apfel- und Birnendicksaft. Diese eingedickten Obstsäfte enthalten neben nur 60 bis 70 Prozent Zucker relativ viel Mineralstoffe, vor allem Kalium — und sie verleihen Speisen einen fruchtigen, kräftigen Geschmack. Nutzen sie die Vielfalt des Angebots an Süßem — sparsam versteht sich. Jedes Verbot, aber auch jedes Zuviel schadet der Gesundheit und dem Genuß.

Aus dem Füllhorn der Natur: Kräuter und Gemüse

DAS BUNTE ANGEBOT

Selbst im Winter bieten Wochenmärkte und gut sortierte Läden rund zwanzig verschiedene Gemüsesorten an. Von Artischocken bis zu den verschiedenen Zwiebelarten und vom Brokkoli bis zu Zucchini reicht die Palette. Dennoch sind wir hierzulande nicht so richtig auf den Geschmack gekommen. Unsere südeuropäischen Nachbarn essen zwei- bis dreimal soviel Gemüse und leben damit gesünder als wir. Gemüse hat als echte Fitnessnahrung auch in der anspruchsvollen Küche einen Spitzenplatz verdient.

WAS MACHT GEMÜSE SO WERTVOLL?

Abgesehen von Kartoffeln und Hülsenfrüchten, die im Ausland auch zum Gemüse gezählt werden, sind alle anderen Sorten extrem kalorienarm. Ein Beispiel: Eine gute Portion Möhren (200 g) hat nur rund 50 Kalorien. Damit zeigt sich, daß auch eine üppige Portion Gemüse für die Figur völlig folgenlos bleibt – vorausgesetzt man geht mit dem Fett nicht allzu verschwenderisch um. Dabei bekommt der Körper reichlich Vitamine und Mineralstoffe. Ein so günstiges Verhältnis zwischen wertvollen Inhaltsstoffen und wenig Kalorien wird als hohe Nährstoffdichte bezeichnet.

ABWECHSLUNG IST WICHTIG!

Trotz des reichhaltigen Angebots kommen bei uns hauptsächlich Tomaten, Kohl, Gurken, Kopfsalat und Bohnen auf den Tisch. Diese wenigen Sorten machen einen großen Teil des statistischen Gemüseverzehrs aus. Mal abgesehen von solch einer kulinarischen Öde ist es bei Einseitigkeit auch mit den gesundheitlichen Werten schlecht bestellt. Jedes einzelne Gemüse hat nämlich neben Vitaminen, Mineral- und Ballaststoffen zusätzlich noch viele typische Inhaltsstoffe, die unserem Körper nützen.

Diese sogenannten sekundären Pflanzenstoffe werden in der Volksmedizin schon lange genutzt, sind aber in ihrer Wirkung wissenschaftlich zum Teil noch nicht erforscht. Gesichert ist aber zum Beispiel, daß die in Zwiebeln und im Knoblauch enthaltenen ätherischen Öle antibakteriell wirken und unsere Abwehrkräfte gegen Krankheiten stärken. Die Bitterstoffe der Artischocke regen nachweislich die Galle an und fördern so die Verdaulichkeit von fettreichen Speisen. Auch natürliche Farbstoffe, wie sie in vielen Gemüsesorten vorkommen, haben günstige Wirkungen. Viele Gründe also, jeden Tag zu einer anderen Gemüsesorte zu greifen. Es gibt übrigens eine einfache Faustregel, die bei der Auswahl der einzelnen Sorten helfen kann: Jeden Tag ein Gemüse, das in der Erde wächst, also Wurzeln und Knollen, essen und jeden Tag ein Gemüse, das über der Erde wächst, nämlich Blatt-, Schotengemüse und Salate.

SCHACH DEN VITAMINKILLERN

Frisch geerntet, roh oder in wenig Wasser knapp gegart hat Gemüse die meisten Vitamine. Aber falls das Grünzeug erst eine Weile beim Händler oder zuhause gelegen hat, ist der Verlust an diesen lebenswichtigen Stoffen schon erheblich höher als beim Tiefkühlgemüse. Wenn frisches Gemüse geputzt und feingewürfelt lange im Wasser herumsteht, verschwinden ebenfalls eine Menge der wasserlöslichen Vitamine und dazu noch Mineralsalze, wie Kalium, Magnesium und Eisen. Also am besten die frischen Sachen nach dem Putzen kurz waschen und nach dem Zerkleinern gleich als Salat anrichten oder in wenig Wasser garen und auf den Tisch bringen.

Aufwärmen und Warmhalten schaden nicht nur dem Geschmack, sondern können auch bei nitratreichen Gemüsesorten, wie Spinat, rote Bete und Mangold unangenehme Folgen haben. Bei längerem Stehen im Warmen verwandelt sich nämlich das harmlose Nitrat durch Einwirkung von Bakterien in schädliches Nitrit. Deshalb alle Reste gleich in den Kühlschrank stellen. Falls ein solches Gericht doch einmal aufgewärmt werden muß, einmal richtig aufkochen, um mögliche Krankheitserreger unschädlich zu machen; das Gericht also nicht nur auf eine angenehme Eßtemperatur bringen. Das gilt übrigens nicht nur für Gemüse, sondern für das Aufwärmen generell. Wer ganz sicher gehen will, sollte beim Gemüsekauf immer auf Freilandware achten. Gemüse und insbesondere Kopfsalate, die im Winter aus dem Treibhaus kommen, enthalten mehr an Nitrat, weil sie beim Heranwachsen zuwenig Licht bekommen.

HÜLSENFRÜCHTE HABEN EINE SONDERSTELLUNG

Zu dieser sättigenden vielseitigen Gruppe gehören Erbsen, Linsen, die verschiedenen Bohnensorten und die Erdnüsse. Alle werden in der Vollwertküche sehr geschätzt, denn sie liefern nicht nur Stärke und Ballaststoffe, sondern auch hochwertiges Eiweiß. Nicht jeder verträgt allerdings Hülsenfrüchte in größeren Mengen. Wer zu Blähungen neigt, fängt vielleicht erst einmal mit kleinen Mengen an, damit der Körper sich an die ballaststoffreiche Kost gewöhnt. Geschälte Hülsenfrüchte oder pürierte Gerichte sind besonders leicht verdaulich.

Einen ganz besonderen Stellenwert haben Sojabohnen. Sie gehören in Asien zu den wichtigsten Grundnahrungsmitteln und nehmen dort die Stelle von Fleisch ein. Sojaquark, -mehl und -milch sind nämlich eiweißreich, aber fettarm.

DER KLEINE VITAMINGARTEN

Ein kleines Kräuterbeet findet im Blumentopf auf der Fensterbank Platz. So haben Sie täglich Frischkost zur Hand und können beim Kochen Geschmacksakzente setzen. Für die Gesundheit bieten alle Kräuter zusätzliche Vorteile. Die enthaltenen ätherischen Öle sind nicht nur verantwortlich für Duft und Aroma der grünen Gewürze, sie fördern auch die Verdaulichkeit der Gerichte. Und wer mit Kochsalz sparen will, sollte verschwenderisch mit Kräutern umgehen. Eine weitere Möglichkeit, gerade im Winter täglich etwas Frisches auf den Tisch zu bringen, bieten Keimlinge. Aus fast allen Hülsenfrüchten, aber auch aus Getreide und anderen Samen lassen sie sich ganz einfach in wenigen Tagen züchten. Während sich in den gequollenen Samen der Keimling bildet, vervielfacht sich der Vitamingehalt. Man kann also Vitamine wirklich züchten. Am besten geht es mit Keimapparaten, die in Reformhäusern angeboten werden. Wichtig ist es allerdings, sich genau an die Gebrauchsanleitung zu halten und die Körner regelmäßig abzuspülen. Sonst tummeln sich am Ende jede Menge Schimmel und Bakterien auf den fertigen Sprossen. Für Kinder, ältere oder empfindliche Menschen die Keimlinge deshalb zur Vorsicht mit heißem Wasser überbrühen.

Perfekt kochen nach Art der Profis

Wie schaffen es die Köche, 20 oder gar 30 Menüs an einem Abend perfekt und pünktlich auf den Tisch zu bringen?
Zauberei? Nein, selbst die großen Kochkünstler verlassen sich in ihrer täglichen Arbeit lieber auf minutiöse Planung und gute Vorbereitung. "Mise en place" heißt das magische Wort, mit dem auch jeder engagierte Küchenlaie den Streß beim Kochen abschaffen kann. "Mise en place" ist die sorgfältige Vorbereitung aller Zutaten und das Bereitstellen der Geräte, die für das jeweilige Rezept gebraucht werden. Wer einen Blick in die Küche von Doris-Katharina Hessler wirft, wird feststellen, daß noch bevor der erste Gast die Tageskarte zur Hand genommen hat, in der Küche bereits die gewürfelten Schalotten, die gehackten Kräuter, Brühen und Fonds, geschnittene Früchte — einfach alles, was im Laufe des Abends in die Töpfe wandern soll, in schönster Ordnung fertig steht. Jedes kleine Werkzeug, jede Garnitur ist in Griffweite, damit es später beim Kochen reibungslos läuft.
Wer es genauso macht und alle Rezeptzutaten abgemessen, abgewogen und vorbereitet vor sich stehen hat, kann sich dann in aller Gemütsruhe auf den Wohlgeschmack und das dekorative Aussehen der Gerichte konzentrieren. Alle Weichen für das gute Gelingen sind gestellt.
Wichtig ist natürlich zuerst einmal, sich mit dem Rezept vertraut zu machen. Falls Ihnen in diesem Buch Begriffe und Zutaten begegnen die Ihnen nicht geläufig sind, lohnt ein Blick ins Lexikon auf Seite 228-230. Sollten Ihnen die Maßangaben im Rezept nicht ganz klar sein — hier ist eine kleine Übersicht:

MASSANGABEN

g	=	Gramm
ml	=	Milliliter
Msp	=	Messerspitze
EL	=	gestrichener Eßlöffel
TL	=	gestrichener Teelöffel
Prise	=	Die Menge, die sich zwischen zwei Fingerspitzen fassen läßt.

UMRECHNUNGSTABELLE FÜR FLÜSSIGKEITEN

100 ml =	100 ccm = 0,1 l
125 ml =	125 ccm = ⅛ l
250 ml =	250 ccm = ¼ l
500 ml =	500 ccm = ½ l
1000 ml =	1000 ccm = 1 l
1 ml =	1 ccm = 1 g

WIE LANGE DAUERT'S DENN?

Wer ein Menü plant, hält sich beim Kalkulieren der Zeit meist an die im Rezept angegebenen Garzeiten und Abläufe. Aber oft genug gerät man am Ende in Bedrängnis, weil z.B. die Zeit für das Vorbereiten des Gemüses doch etwas knapp war. Wenn zum Beispiel feine Juliennestreifen geschnitten werden sollen, rechnet man am besten je nach Geschick und Gemüsesorte mit 20 bis 40 Minuten für 500 g Gemüse.
Ein Kilo Kartoffeln ist in 5 bis 10 Minuten geschält und für die gleiche Menge Bohnen oder Rosenkohl muß man eine gute Viertelstunde für's Putzen einplanen. Falls das Essen am Abend stattfinden soll, kann diese Arbeit schon am Vormittag oder zur Not sogar am Vorabend erledigt werden. Dann das Gemüse entweder blanchieren oder aber in Salz- oder Essigwasser schwenken und abgetropft in Folie verpackt kaltstellen.

Wer sich die Keimlinge für ein Menü rechtzeitig selberziehen möchte (siehe auch Seite 22/23 Gemüse), muß je nach Sorte zwei bis vier Tage einkalkulieren. Hier einige Beispiele:

MUNGOBOHNEN

Über Nacht in viel Wasser einweichen, zweimal pro Tag mit frischem Wasser abspülen. Keimzeit: etwa 3 Tage.

LINSEN UND KICHERERBSEN

Über Nacht einweichen, mehrmals täglich mit Wasser abspülen. Keimzeit: 3 bis 4 Tage.

HAFER, WEIZEN UND ROGGEN

Über Nacht einweichen, zweimal täglich abspülen. Keimzeit: 2 bis 3 Tage.

Wem diese Prozedur zu lange dauert, der kann Keimlinge auch fertig kaufen. In grünen Läden und Reformhäusern, ja selbst in Supermärkten gibt es inzwischen frische Ware in großer Auswahl.

GARNIEREN – DER LETZTE SCHLIFF AUF DEM TELLER

Alles fertig, alles gelungen? Dann geht es jetzt ans Anrichten. Die Teller und Schüsseln sind vorgewärmt, der Tisch ist gedeckt und die Gäste schauen erwartungsvoll. Jetzt kommt es vor allem auf die Optik an, denn sie bringt den Esser erst richtig in Stimmung und läßt ihm das Wasser im Mund zusammenlaufen. Die meisten Gerichte wirken auf großen einfarbigen Tellern am appetitlichsten. Viele Köche schwören auf schwarz oder weiß, denn so kommen die Farben der Speisen gut zur Geltung. Stark gemustertes Porzellan lenkt das Auge meist zu sehr vom Essen ab. Hauptgang und Beilagen sollten in kleinen Portionen nebeneinander angerichtet werden. Für die Garnitur eignen sich vor allem die Zutaten, die bereits im Gericht enthalten sind oder geschmacklich gut harmonieren. Mit Gemüsestreifen und Kräuterzweigen setzt man farbige Akzente. Dabei ist weniger meist mehr: Im Zweifel lieber etwas weglassen, damit der Teller nicht überladen aussieht. Dasselbe gilt auch für Desserts. Auch hier sind große Teller am wirkungsvollsten. Kleine Schalen oder Teller sehen schnell zu voll aus und lassen wenig Platz für eine Garnitur. Besser als in der großen Schüssel machen sich Cremes, wenn sie mit einem Eßlöffel zu Nocken geformt und auf Dessertellern mit Früchtepüree oder der entsprechenden Sauce umgossen werden. Obststückchen und Zweige von Zitronenmelisse oder Minze passen zu fast allen Süßspeisen.

Frühstück: Eines guten Tages Anfang

Die Wohlfühlküche lebt von der Vielfalt. Körner und Sprossen, Flocken und Müsli, Quark und Früchte, Brot und Butter sorgen für Abwechslung auf der Morgentafel!

Müsli mit exotischen Früchten: Obst aus tropischen Ländern bereichert unseren Frühstückstisch. Rezept auf Seite 30.

FRÜHSTÜCK – ENERGIE FÜR DEN TAG

Frühstück, Mittagessen und Abendbrot heißen die drei Säulen der täglichen Ernährung von uns Deutschen. Aber leider gibt es viele, Erwachsene wie Kinder, die ohne Frühstück an die Arbeit oder zur Schule gehen – weil sie keinen Appetit haben, keine Zeit oder einfach nicht wissen, wie wichtig gerade die Morgenmahlzeit für Leistung und Wohlbefinden ist. Und selbst dort, wo morgens der Tisch gedeckt wird, herrscht oft trostlose Monotonie: Kaffee, Brötchen und Konfitüre sind die unangefochtenen Hits auf deutschen Frühstückstischen.
Ein richtig zusammengesetztes Frühstück gibt uns Energie für den ganzen Vormittag: Vollkornbrot oder -flocken und Obst füllen mit ihren Kohlenhydraten leere Energiespeicher wieder auf und helfen, den Blutzuckerspiegel zu stabilisieren.
Das Morgenmahl versorgt aber nicht nur Körper und Geist mit neuer Energie. Ein vollwertiges Frühstück – am besten ist eine Kombination aus Getreide, Milch und Früchten – ist ein wesentlicher Beitrag zur Deckung unseres Tagesbedarfs an Eiweiß, Vitaminen und Mineralstoffen. Ein an Ballaststoffen reiches Frühstück hält besonders lange vor.
Wer sich die Zeit nimmt, abwechslungsreich und fantasievoll zu frühstücken, beginnt den Tag auf besonders angenehme Weise.

◀FOTO S. 28-29

AVOCADO-PÜREE MIT EIERN UND SPROSSEN
(FÜR 2 PERSONEN)

1 Avocado
100 g Joghurt
Saft 1 Zitrone
Salz
Pfeffer
Salatblätter zum Anrichten
3 hartgekochte Eier
100 g Sprossen nach Wahl

1. Die Avocado halbieren, entkernen, schälen und kleinschneiden; mit Joghurt und Zitronensaft im Mixer pürieren. Durch ein Sieb streichen und mit Salz und Pfeffer abschmecken.
2. Das Püree auf Salatblättern anrichten, zu jeder Portion drei Eihälften geben und mit den Sprossen bestreuen.

FOTO S. 27

MÜSLI MIT EXOTISCHEN FRÜCHTEN
(FÜR 4 PERSONEN)

400 g Weizenkörner, eingeweicht und im Schnellkochtopf gegart
2 Kiwis
1 Mango
½ Ananas
1 Papaya
2 Passionsfrüchte
¼ l Milch oder Sahne
Honig

1. Die Früchte schälen und vorbereiten: die Kiwis in Scheiben, Mango, Ananas und Papaya (ohne Kerne) in Würfel schneiden. Passionsfrüchte halbieren und das Fruchtfleisch herausschaben.
2. Weizen mit dem Passionsfruchtfleisch und der Milch verrühren, mit Honig abschmecken und die Früchte unterheben.
3. Auf Tellern anrichten. Nach Belieben zusätzlich Milch oder Sahne dazu reichen.

Tip: Man kann die Körner auch schroten, mit Wasser zu einem Brei verrühren und über Nacht quellen lassen.

BUCHWEIZEN-PFANNKUCHEN MIT SCHNITT-LAUCHQUARK

(FÜR 4 PERSONEN)

PFANNKUCHEN:

200 ml Milch
2 Eier
150 g Buchweizenmehl
1 Prise Salz

FÜLLUNG:

500 g Quark
100 g Joghurt
Saft 1 Zitrone
1 TL Senf
1 feingewürfelte Schalotte
2 Bund Schnittlauch in Röllchen
Salz
Pfeffer

1. Die Zutaten für die Pfannkuchen zu einem glatten Teig aufschlagen und 1 Stunde quellen lassen.
2. In einer beschichteten Pfanne daraus vier Pfannkuchen backen.
3. Die Zutaten für die Füllung verrühren, abschmecken und die Pfannkuchen damit füllen.

VARIATIONEN:

Wer es üppiger möchte, kann die Milch in dem Pfannkuchenteig auch durch Sahne ersetzen und die Pfannkuchen in Butter ausbacken. Für ein Katerfrühstück mit gebeiztem Lachs und Kaviar servieren. Für eine süße Version den Pfannkuchenteig mit etwas Honig süßen und Früchtekompott als Füllung nehmen.

Plinsen-Weisheit à la Hessler

Ein Morgenmahl mit bunten Beeren

JOGHURT MIT BEEREN UND HIRSE

(FÜR 2 PERSONEN)

160 g Hirse
50 g Pinienkerne
400 g Joghurt
200 g gemischte Beeren
1 EL gehackte Zitronenmelisse
Saft 1 Zitrone
Honig nach Belieben

1. Die Hirse am Vortag einweichen; dann im Schnellkochtopf 10 bis 15 Minuten garen, abkühlen lassen.

2. Die Pinienkerne kurz in einer beschichteten Pfanne ohne Fett anrösten.

3. Den Joghurt mit der Hirse, drei Viertel der Beeren und der Melisse mischen; mit Zitronensaft und Honig abschmecken.

4. Auf Tellern anrichten, mit den verbliebenen Beeren und der restlichen Melisse garnieren. Die Pinienkerne darüberstreuen.

KIRSCHMÜSLI
(FÜR 2 PERSONEN)

100 g Weizen
100 g Hafer
⅛ l Kirschsaft
150 g Joghurt
Saft 1 Zitrone
Honig
200 g entsteinte Kirschen

1. Die Weizenkörner einige Stunden einweichen; dann im Schnellkochtopf 15-20 Minuten garen. Die Körner können auch geschrotet und über Nacht eingeweicht werden. Dann entfällt das Garen.

2. Den Hafer schroten und ca. 1 Stunde einweichen.

3. Weizen und Hafer mit dem Kirschsaft und Joghurt mischen. Mit Zitronensaft und Honig abschmecken.

4. Zum Schluß die Kirschen unterheben.

FRÜCHTEMÜSLI
(FÜR 2 PERSONEN)

150 g Weizen
2 Äpfel
150 g Joghurt
Saft von 1 Zitrone und 2 Orangen
30 g Nüsse nach Geschmack
150 g Obst nach Wahl

1. Die Weizenkörner 3 bis 4 Tage einweichen. Dabei das Wasser täglich wechseln und die Körner kaltstellen. Oder die Körner im Schnellkochtopf 15-20 Minuten garen.

2. Die Äpfel reiben und mit dem Joghurt unter den Weizen mischen.

3. Die Zitrussäfte und die gehackten Nüsse unterrühren.

4. Das entsteinte und kleingeschnittene Obst unterheben. Mit Honig abschmecken.

Tip: Beim längeren Einweichen von Getreide kann sich bei Zimmertemperatur Schimmel bilden, der giftige Stoffe enthält. Deshalb grundsätzlich kühlstellen.

ZITRUSMÜSLI
(FÜR 2 PERSONEN)

200 g Hafer
2 Orangen
2 Grapefruits
50 g Walnußkerne
Saft von 1 Zitrone und 2 Orangen
Honig

1. Den Hafer grob schroten und ca. 1 Stunde in Wasser einweichen.

2. Zitrusfrüchte mit einem scharfen Messer schälen; dabei auch die innere feine Haut entfernen. Das Fruchtfleisch zwischen den Trennhäuten als Filets herausschneiden. Einige Stücke für die Garnitur verwahren, den Rest kleinschneiden.

3. Ein paar Nußkerne für die Garnitur aussuchen; den Rest grob hacken.

4. Den Hafer mit Orangen- und Zitronensaft mischen, mit Honig abschmecken und die zerkleinerten Früchte sowie die Nüsse unterheben.

5. Das Müsli mit Zitrusfilets und Nußkernen garnieren.

DÖRROBST-MÜSLI
(FÜR 2 PERSONEN)

150 g Getreide nach Wahl
100 g gemischtes Dörrobst
Saft 1 Zitrone
¼ l Traubensaft
Honig nach Belieben

1. Das Getreide schroten, mit soviel Wasser verrühren, daß ein weicher Brei entsteht und über Nacht quellen lassen.

2. Das entsteinte Dörrobst kleinschneiden und mit dem Getreide mischen.

3. Zitronen- und Traubensaft dazugeben und das Müsli eventuell mit Honig abschmecken.

MÖHRENMÜSLI
(FÜR 4 PERSONEN)

100 g Hirse
100 g Hafer
100 g Mandeln
300 g Joghurt
100 g Möhren
50 g Rosinen
Zitronensaft
Honig

1. Hirse und Hafer schroten und mindestens 1 Stunde vor dem Frühstück, besser jedoch am Vorabend, einweichen.
2. Die Mandeln ohne Fett in einer beschichteten Pfanne rösten.
3. Das Getreide mit dem Joghurt mischen. Die Möhren schälen, raspeln und ebenfalls untermischen.
4. Die Mandeln hakken und mit den Rosinen unter das Müsli ziehen.
5. Das Möhrenmüsli mit Honig und Zitronensaft abschmecken.

PROVENCALISCHES MÜSLI
(FÜR 2 PERSONEN)

150 g Getreide (Weizen, Roggen, Gerste)
1 Schalotte
2 EL gehackte Kräuter (z. B. Petersilie, Thymian, Basilikum, Rosmarin)
Salz, Pfeffer
Rotweinessig
Olivenöl
10 Oliven
100 g Schafskäse (Feta)

1. Die Getreidekörner 2 bis 3 Tage einweichen und täglich das Wasser wechseln. Die Körner kaltstellen (vgl. Früchtemüsli). Oder aber das Getreide 15 bis 20 Minuten im Schnellkochtopf garen.
2. Die Schalotte häuten, feinhacken und mit den Kräutern unter das Getreide mischen. Mit Salz, Pfeffer, Essig und Öl abschmecken.
3. Die Oliven halbieren und entsteinen. Schafskäse in Würfel schneiden.
4. Das Müsli auf Tellern anrichten und mit Oliven und Käse garnieren.

GEMÜSEMÜSLI
(FÜR 4 PERSONEN)

400 g Roggen
500 g rohes gemischtes Gemüse (z. B. Möhren, Staudensellerie, Paprikaschoten, Avocado, Fenchel, Lauch)
2 EL gehackte Kräuter (z. B. Schnittlauch, Petersilie, Kerbel)
1 feingewürfelte Schalotte
Essig, Öl
Salz, Pfeffer
200 g Joghurt
Crème fraîche oder Quark

1. Den Roggen entweder schroten und 1 Stunde einweichen oder ganz lassen und 20 Minuten im Schnellkochtopf garen.
2. Das Gemüse putzen, waschen und kleinschneiden; mit den Kräutern und der Schalotte mischen und mit Essig, Öl, Salz und Pfeffer anmachen.
3. Diese Gemüsemischung unter den Roggen heben; Joghurt bzw. Crème fraîche oder Quark unterziehen und das Müsli abschmecken.

ÜBERBACKENES KÄSEMÜSLI
(FÜR 2 PERSONEN)

100 g Weizen
1 feingewürfelte Schalotte
1 EL Butter
1 Bund Schnittlauch
Salz, Pfeffer
150 g würziger Käse (reifer Emmentaler, Greyerzer, Appenzeller)

1. Den Weizen im Schnellkochtopf mit 400 ml Wasser garen; abtropfen und abkühlen lassen.
2. Die Schalotte in der Butter anschwitzen, den Weizen dazugeben und ebenfalls kurz anschwitzen. Vom Herd nehmen, den in Röllchen geschnittenen Schnittlauch unterheben und mit Salz und Pfeffer abschmecken.
3. Das Müsli in ofenfesten Schalen anrichten, mit dem feingewürfelten oder grob geraspelten Käse bestreuen und kurz unter dem Grill gratinieren.

Das Ei im herzhaften Happen

KRÄUTEREIER
(FÜR 6 PERSONEN)

6 hartgekochte Eier
3 Tomaten
1 EL Petersilie
1 EL Basilikum
1 EL Estragon
1 EL Sauerampfer
300 g Quark
1 EL Senf
Salz, Pfeffer
Salatblätter für die Garnitur

1. Die Eier pellen und hacken. Die Tomaten abziehen, entkernen und feinwürfeln. Die Kräuter hacken.
2. Quark und Senf verrühren. Eier, Tomatenwürfel und Kräuter untermengen. Mit Salz und Pfeffer abschmekken.
3. Mit Salatblättern auf Brot Ihrer Wahl anrichten.

Auf's Brot gestrichen: Viermal Pikantes . . .

CHESTER MIT SELLERIE
(FÜR 4 PERSONEN)

200 g Chester
2 Stangen Bleichsellerie
50 g Walnußkerne
1 EL Senf
100 ml Sahne
Salz, Pfeffer

1. Den Käse reiben. Geputzten Sellerie waschen und in feine Scheiben schneiden. Die Nüsse grob hacken.
2. Käse, Sellerie und Nüsse mit dem Senf verrühren. Die Sahne schlagen und unterheben.
3. Den Brotaufstrich mit Salz und Pfeffer abschmecken.

TOMATEN-MAYONNAISE
(FÜR 2 PERSONEN)

1 Fleischtomate
10 Oliven
1 Bund Basilikum
50 g Crème fraîche
50 g Mayonnaise
50 g Tomatenpüree
1 Knoblauchzehe

1. Die Tomate abziehen, entkernen und in Würfel schneiden. Die Oliven entsteinen und hacken. Basilikumblätter ebenfalls hacken.
2. Crème fraîche und Mayonnaise mit dem Tomatenpüree verrühren. Die Knoblauchzehe durch die Presse dazudrücken.
3. Tomatenwürfel, Oliven und Basilikum unterheben; einen Teil als Garnitur obenauflegen.

PAPRIKAQUARK
(FÜR 4 PERSONEN)

1 rote Paprikaschote
1 grüne Paprikaschote
1 Schalotte
1 Bund Schnittlauch
500 g Quark
100 g Kapern
Edelsüßpaprika
Salz, Pfeffer

1. Die Paprikaschoten waschen, halbieren, entkernen und feinwürfeln. Die Schalotte häuten und feinhakken. Den Schnittlauch in Röllchen schneiden.
2. Den Quark verrühren und mit allen Zutaten, außer den Gewürzen, mischen.
3. Mit Paprika, Salz und Pfeffer abschmekken.

AVOCADO MIT TOMATE UND BASILIKUM
(FÜR 2 PERSONEN)

1 Avocado
2 Tomaten
1 Bund Basilikum
Salz, Pfeffer
Zitronensaft

1. Das Avocadofleisch auslösen und durch ein Sieb streichen.
2. Die Tomaten abziehen und entkernen; eine halbe Tomate für die Garnitur in Streifen, den Rest in Würfel schneiden.
3. Die Basilikumblättchen abzupfen, einige als Garnitur verwahren und den Rest feinhacken.
4. Das Avocadopüree mit Salz, Pfeffer und Zitronensaft abschmekken; Tomatenwürfel und Basilikum unterheben. Mit Tomate und Basilikum anrichten.

. . . und viermal Süßes

BANANEN-KOKOSQUARK
(FÜR 2 PERSONEN)

60 g Kokosflocken
2 Bananen
100 g Quark

1. Die Kokosflocken ohne Fett rösten und abkühlen lassen.
2. Eine Banane schälen, in Stücke schneiden und mit dem Quark pürieren. 40 g Kokosflocken unterheben.
3. Die zweite Banane schälen, in Scheiben schneiden und mit den restlichen Kokosflokken als Garnitur verwenden.

ÄPFEL, MANDELN UND KORINTHEN
(FÜR 4 PERSONEN)

1 großer mürber Apfel
30 g gehobelte Mandeln
1 Apfel
10 g Korinthen

1. Apfel schälen, entkernen, würfeln und in 2 EL Wasser weichkochen.
2. Die Mandeln in einer beschichteten Pfanne ohne Fett anrösten.
3. Den Apfel schälen, reiben und mit dem Apfelmus verrühren.
4. Mandeln und Korinthen unter das Apfelpüree ziehen.

PARANUSS-PASTE
(FÜR 4 PERSONEN)

6 Backpflaumen
120 g Paranußkerne
1 TL Honig
50 ml Sahne

1. Die Backpflaumen entsteinen und pürieren.
2. 100 g der Nußkerne grob hacken und ohne Fett kurz anrösten. Mit Honig und Sahne in der Messermühle zu einer cremigen Paste verarbeiten.
3. Die Backpflaumen untermischen.
4. Die restlichen Nußkerne für die Garnitur hacken oder in Scheiben schneiden.

MÖHREN-HASELNUSS-BUTTER
(FÜR 4 PERSONEN)

100 g Möhren
50 g geröstete Haselnüsse
50 g Butter
Nüsse oder Möhrenscheiben für die Garnitur

1. Die Möhren schälen, kleinschneiden und mit den Haselnüssen sowie der Butter in der Messermühle nicht zu fein pürieren.
2. Die Masse auf Vollkornbrot streichen und nach Belieben mit Nüssen oder Möhrenscheiben garnieren.

AUBERGINEN-PASTE
(FÜR 4 PERSONEN)

500 g Auberginen
2 Fleischtomaten
1 Schalotte
2 EL Olivenöl
Korianderkörner
Cayennepfeffer
Salz, Pfeffer
Zitronensaft

1. Die Auberginen auf dem Rost im Backofen rösten, bis die Haut Blasen wirft.
2. Die Auberginen häuten, kleinschneiden und pürieren.
3. Die Tomaten abziehen, vierteln, entkernen und in kleine Würfel schneiden.
4. Die Schalotte häuten, würfeln und in Olivenöl anschwitzen; die Tomaten und das Auberginenmus zugeben. Mit gemahlenem Koriander, Cayennepfeffer, Salz, Pfeffer und Zitronensaft abschmecken; auf kleiner Flamme zu einer dikken Paste einkochen. Schmeckt prima auf kräftigem dunklen Brot.

BRENNESSEL-FRISCHKÄSE
(FÜR 2 PERSONEN)

50 g junge Brennesseln
100 g Doppelrahm-Frischkäse
½ Knoblauchzehe
Zitronensaft
Salz, Pfeffer

1. Die Brennesseln in einem Sieb kurz in kochendes Wasser tauchen, gut abtropfen lassen und feinhacken.
2. Den Frischkäse mit der durchgepreßten Knoblauchzehe verrühren.
3. Die gehackten Brennesseln unterheben und den Brotaufstrich mit Zitronensaft, Salz und Pfeffer abschmecken.

QUARK MIT FORELLEN-KAVIAR
(FÜR 4 PERSONEN)

500 g Quark (Topfen)
1 Bund glatte Petersilie
Saft 1 Zitrone
Salz
Pfeffer
100 g gelber Forellen-kaviar
100 g schwarzer Kaviar

1. Den Quark mit der abgezupften und gehackten Petersilie (einige Blättchen als Garnitur verwahren) und dem Zitronensaft anmachen; mit Salz und Pfeffer abschmecken.
2. Portionsweise anrichten und mit den beiden Kaviarsorten sowie Petersilienblättchen garnieren.

VARIATIONEN:

Quark mit geraspelten Gurken und Dill; mit Senf gewürzt und mit Sprossen garniert; mit feingewürfelter roter, gelber und grüner Paprikaschote.

Ein Quentchen Rogen im Topfen

HAFERMÜSLI
(FÜR 4 PERSONEN)

400 g Hafer
Saft von 4 Orangen und 2 Zitronen
4 Äpfel
100 ml Sahne oder Joghurt
400 g gemischte Früchte nach Geschmack und Jahreszeit
2 EL Honig

1. Den Hafer schroten und in dem Orangen- und Zitronensaft ca. 1 Stunde einweichen.
2. Die gewaschenen Äpfel reiben und mit dem Joghurt oder der Sahne sowie dem Hafer mischen.
3. Die Früchte waschen, putzen und kleinschneiden. Einen Teil als Garnitur verwahren, den Rest unter das Müsli ziehen.
4. Das Müsli nach Belieben mit Honig abschmecken, anrichten und mit Früchten garnieren.

Wenn keine Getreidemühle zur Verfügung steht, läßt sich dieses Rezept auch mit Haferflocken zubereiten.

RÜHREIER IM VOLLKORNCRÊPE
(FÜR 4 PERSONEN)

CRÊPES:
200 ml Milch
2 Eigelb
1 Prise Salz
100 g feines Weizen-Vollkornmehl
evtl. Butter zum Backen

RÜHREIER:
2 Schalotten
50 g Butter
8 Eier
400 ml Milch oder Sahne (oder halb und halb)
Salz, Pfeffer
2 Bund Schnittlauch
250 g Alfalfasprossen

1. Die Zutaten für die Crêpes zu einer glatten Masse verrühren, zwei Stunden (oder aber im Kühlschrank über Nacht) quellen lassen.
2. Aus dem Crêpe-Teig in einer beschichteten Pfanne (Ø 20 cm) ohne Fett oder eventuell mit etwas Butter, dünne Pfannkuchen backen und warmstellen.
3. Die Schalotten abziehen, feinhacken und in der zerlassenen Butter anschwitzen.
4. Die Eier aufschlagen, mit der Milch verrühren und mit Salz und Pfeffer würzen. Den in Röllchen geschnittenen Schnittlauch und drei Viertel der Sprossen unterheben.
5. Die Eiermischung zu den Schalotten geben und unter Rühren bei mittlerer Hitze stocken lassen.
6. Die Pfannkuchen auf gewärmte Teller legen, das Rührei jeweils auf einer Hälfte anrichten, mit den restlichen Sprossen garnieren und die andere Crêpehälfte darüberklappen.

Die Füllung läßt sich vielfach variieren: Mischen Sie ins Rührei feingewürfeltes, angeschwitztes Gemüse — Möhre, Lauch, Staudensellerie, Fenchel, Zucchini —, gemischt nach Belieben. Oder Senfsprossen, feingewürfelten Lachs und Dill. Oder Mungobohnensprossen, Krabben und Petersilie.

Für eine süße Variante den Teig leicht süßen. Für die Füllung 500 g Quark mit 100 ml Sahne, 100 g Rosinen und 200 g gemischten, gerösteten Nüssen verrühren; eventuell süßen und mit Zitronensaft abschmecken. Die Füllung auf die Crêpes streichen, diese aufrollen und in dicke Scheiben schneiden.

POLENTASCHNITTE MIT KRÄUTERQUARK
(FÜR 4 PERSONEN)

POLENTA:
¾ l Milch
½ TL Salz
150 g Maisgrieß
geklärte Butter zum Braten

KRÄUTERQUARK:
500 g Quark
100 g Joghurt
2 TL Senf
1 feingewürfelte Schalotte
1 Bund Schnittlauch in Röllchen
1 Bund glatte Petersilie, abgezupft und gehackt
Salz, Pfeffer

1. Milch mit Salz aufkochen, den Maisgrieß unter Rühren einrieseln und auf der ausgeschalteten Herdplatte ausquellen lassen. Das dauert je nach Sorte 10 bis 20 Minuten.
2. Den heißen Maisbrei in eine rechteckige Schüssel oder auf ein Blech streichen und erkalten lassen. Abgedeckt möglichst einen Tag ruhen lassen.
3. Quark, Joghurt und Senf verrühren. Die Schalotte und die Kräuter unterziehen; mit Salz und Pfeffer abschmecken.
4. Die Polenta in Scheiben schneiden oder mit einem Keksausstecher ausstechen und in geklärter Butter in einer mittelheißen Pfanne aufbraten.
5. Die Polentastücke auf einer vorgewärmten Platte anrichten. Dazu den Kräuterquark reichen.

BEERENREIS AUF JOGHURT-SAUCE
(FÜR 6 PERSONEN)

1 l Milch
1 Vanilleschote
250 g Naturreis
50 g Pinienkerne
50 g Pistazien
50 g Honig
150 g Blaubeeren
150 g Brombeeren
150 g Johannisbeeren

JOGHURTSAUCE:

500 g Joghurt
100 ml Sahne
Zitronensaft
Honig nach Geschmack

1. Die Milch mit der Vanilleschote aufkochen. Den Naturreis einstreuen und auf kleiner Flamme ausquellen lassen. Erkalten lassen.
2. Pinienkerne, Pistazien und Honig unter den erkalteten Reis mischen.
3. Die Beeren verlesen und abzupfen. Die Hälfte unter den Reis heben.
4. Für die Joghurtsauce Joghurt und Sahne verrühren. Mit Zitronensaft und Honig abschmecken.
5. Zum Servieren die Sauce auf Teller füllen, den Reis daraufgeben und mit den restlichen Beeren anrichten.

HIRSEPFANNKUCHEN MIT SPINAT UND MOZZARELLA
(FÜR 4 PERSONEN)

HIRSEPFANNKUCHEN:

250 g Hirse
200 ml Milch
2 Eier
Salz, Pfeffer
evtl. Butter zum Backen

FÜLLUNG:

400 g Blattspinat
1 feingewürfelte Schalotte
2 EL Butter
Salz, Pfeffer
Muskat

MOZZARELLA:

300 g Mozzarella (2 Stück)
Salz, Pfeffer
Olivenöl
1 Bund Basilikum

1. Hirse fein mahlen, mit den übrigen Pfannkuchenzutaten zu einem glatten Teig aufschlagen und 2 Stunden quellen lassen.
2. Die Spinatblätter abzupfen, waschen, kurz blanchieren und abtropfen lassen.
3. Den Mozzarella kleinschneiden, salzen und pfeffern; mit den abgezupften, feingeschnittenen Basilikumblättern mischen und mit Olivenöl beträufeln.
4. Für die Füllung die Schalotte in der Butter anschwitzen, den Spinat dazugeben und durchschwenken.
5. Aus dem Pfannkuchenteig in etwas Butter dünne Pfannkuchen backen.
6. Die Hälfte der Pfannkuchen mit Spinat belegen, darauf den Käse verteilen und die freie Pfannkuchenhälfte überklappen.

GRIESS-SCHNITTEN ZU FRÜCHTEKOMPOTT
(FÜR 6 PERSONEN)

1 l Milch
30 g Butter
½ TL Salz
300 g Vollkorngrieß
2 Eier
1 EL Honig oder Ahornsirup
geklärte Butter zum Braten

1. Die Milch mit Butter und Salz aufkochen, den Grieß einstreuen und unter Rühren auf der ausgeschalteten Herdplatte ausquellen lassen.
2. Topf von der Platte nehmen und die verquirlten Eier sowie den Honig bzw. Ahornsirup unter die Grießmasse rühren. Den Brei auf eine Platte ausgießen und 2 bis 3 Zentimeter dick ausstreichen; erkalten lassen.
3. Den erstarrten Grieß in Rauten schneiden und in geklärter Butter in einer mittelheißen Pfanne hellbraun backen.

Zu einem Kompott aus kurz gedünsteten Früchten oder zu frischem Obst- oder Beerensalat servieren.

MÜSLI MIT EI UND LACHS
(FÜR 2 PERSONEN)

100 g Weizen
1 Bund Dill
4 hartgekochte Eier
Salz
Pfeffer
50 g Kapern
50 g Weizensprossen
150 g Lachs (gebeizt, mariniert oder geräuchert)

1. Den Weizen mit Wasser im Schnellkochtopf 15 bis 20 Minuten garen; abkühlen lassen.
2. Den Dill bis auf einige Stiele für die Garnitur feinhacken.
3. Die Eier pellen und hacken. Den Weizen mit den Eiern mischen; mit Salz und Pfeffer abschmecken. Dill, Kapern und Weizensprossen unterheben.
4. Das Müsli portionsweise anrichten; den Lachs in Würfel schneiden. Die Müsliportionen mit Lachswürfeln und Dill garnieren.

VARIATIONEN:

Die Weizensprossen durch Senf- oder Rettichsprossen ersetzen; den Lachs durch geräuchertes Forellenfilet.

Salate: Fantasien in knackigem Grün

Die Salatmannschaft tritt an: der Geduldige verliest die Kräuter, der Verschwender spendet das Öl, der Geizige bemißt den Essig, der Weise dosiert das Salz und der Besessene mischt.

Der Reiz liegt im Kontrast von Aromen, Struktur und Konsistenz: Eichblattsalat, zarte Blüten und Scheiben von Käse in Sesamkruste. Rezept S. 48.

FRISCHKOST HAT VOLLWERT

Frische Lebensmittel sind schmackhaft und reich an Nährstoffen, aber auch empfindlich. Rohkost ist nur als Frischkost wirklich wertvoll. Was dem Geschmack schadet, führt auch zu einem Verlust an Vitaminen.

Der Vollwert-Gedanke ist ein Qualitätsprinzip, das Frische und Natürlichkeit der Rohstoffe in den Vordergrund stellt. Dieses neue Qualitätsbewußtsein verbindet Genießer und Gesundheitsbewußte und gilt gleichermaßen für den Einkauf wie für die Zubereitung unserer Nahrung.

Frischkost gehört zu jeder Mahlzeit. Der knackige Salat als Vorspeise oder Zwischengericht fordert die Kaumuskeln und sorgt so für ein figurfreundliches Eßtempo. Wer langsam ißt, wird mit weniger satt. Ein Salat hilft den Magen ohne viel Fett und Kalorien zu füllen.

Die Frischkost sollte allerdings nicht tagein, tagaus nur aus Kopfsalat und Gurken bestehen. Schließlich steht heute eine bunte Palette an Blattsalaten zur Verfügung: Eichblatt und Radicchio, Frisée-, Römer- und Feldsalat, auch "Unkräuter" wie Löwenzahn oder junge Brennesseln. Wurzelgemüse und Sprossen bzw. Keimlinge sind Rohkost in (vitamin-) konzentrierter Form. Auch viele Gemüse von der Avocado bis zum Zucchino sind roh gegessen ein Genuß.

◀ FOTO SEITE 46-47

MEERESALGEN UND BRUNNENKRESSE MIT LANGUSTE

(FÜR 2 PERSONEN)

1 Languste von 600 g
125 g Salicorne-Algen (gibt's beim Fischhändler)
1 Bund Brunnenkresse
3 Stangen Bleichsellerie

DRESSING:

1 EL Weißweinessig
Salz, Pfeffer
3 EL Traubenkernöl
2 TL Noilly Prat
½ EL Dijonsenf
2 EL Joghurt

SAUCE ZUR LANGUSTE:

4 EL Crème fraîche
Salz, Pfeffer
½ TL Senf
Zitronensaft
2 EL Noilly Prat
2 EL Schnittlauchröllchen

1. In einem großen Topf reichlich Salzwasser zum Kochen bringen, die Languste mit dem Kopf voran hineingeben, aufkochen lassen, von der Hitze nehmen und zugedeckt 10 Minuten ziehen lassen.
2. Die Algen putzen (dicke Stiele entfernen, sie haben einen holzigen, faserigen Kern) und wässern. Anschließend gut abtropfen lassen.
3. Die Kresseblätter von den Stielen zupfen (wenn Blüten daran sind, läßt man sie mit den 2-3 Blättchen zusammen), waschen und gut abtropfen lassen. Sellerie waschen, putzen und in 3 Millimeter breite Streifen schneiden.
4. Die etwas abgekühlte Languste ausbrechen, den Schwanz in Medaillons schneiden, evtl. auch das Fleisch der Beine auslösen.
5. Aus den angegebenen Zutaten ein Dressing rühren und Algen, Kresse sowie Sellerie darin anmachen.
6. Für die Sauce zur Languste Crème fraîche mit Salz, Pfeffer, Senf, Zitronensaft und Noilly Prat abschmekken; den Schnittlauch unterziehen.
7. Algen, Kresse und Sellerie etwas abtropfen lassen und auf Tellern anrichten. Die Langustenscheiben dazugeben — jede auf einen Klecks ihrer zugehörigen Sauce.

VARIATIONEN:

Anstelle der Languste kann man für diesen Salat nach Belieben andere Krustentiere (Hummer, Scampi, Flußkrebse, Riesengarnelen) oder auch Jakobsmuscheln verwenden.

Tip: Wer lieber ohne Alkohol auskommen möchte, ersetzt den Noilly Prat durch Brühe oder hellen Fond.

FOTO SEITE 45

EICHBLATTSALAT MIT SESAMKÄSE

(FÜR 4 PERSONEN)

SESAMKÄSE:

75 g Frischkäse (z. B. Mascarpone oder Chèvre frais)
75 g Blauschimmelkäse
Salz, Pfeffer
4 EL helle Sesamkörner
1 Kopf Eichblattsalat

VINAIGRETTE:

2 EL Kräuteressig
Salz, Pfeffer
5 EL Sesamöl
4 EL Sesamkörner
16 Blüten von Kapuzinerkresse

1. Frischkäse und Schimmelkäse mit der Gabel zerdrücken, vermischen, würzen und durch ein Sieb streichen. Mit Hilfe von Alufolie zur Rolle formen, einwickeln und einige Stunden kühlen.
2. Eichblattsalat putzen, waschen und trokkenschleudern. Aus den angegebenen Zutaten eine Vinaigrette rühren, den Eichblattsalat damit anmachen und auf Teller verteilen.
3. Die Sesamkörner für den Käse in einer beschichteten Pfanne ohne Fett leicht anrösten; den Käse auspacken und darin wälzen.
4. Den Sesamkäse in Scheiben schneiden und auf dem Salat anrichten. Mit den Kapuzinerkresse-Blüten garnieren.

MIT SPARGEL UND RÄUCHERAAL:

(FÜR 6 PERSONEN)

18 festkochende, mitte große Pellkartoffeln
32 Stangen grüner Spargel
1 Räucheraal (400 g)

VINAIGRETTE:

6 EL Weißweinessig
Salz, Pfeffer
12 EL Traubenkernö
1 Schalotte
1 Bund Schnittlauch

GARNITUR:

12 Blüten Kapuzinerkresse

MIT GEMÜSE IN ROSMARIN-DRESSING:

(FÜR 4 PERSONEN)

500 g Pellkartoffeln
500 g Gemüse nach Wahl (z. B. Karotten, Zucchini, Blumenkoh Brokkoli)

DRESSING:

1 Knoblauchzehe
1 Zweig Rosmarin
¼ l Olivenöl
2 Eigelb
Saft einer ½ Zitrone
Salz, Pfeffer

GARNITUR:

Petersilie

MIT HUMMER:

(FÜR 2 PERSONEN)

6 kleine Pellkartoffeln
4 Wachteleier
1 Bund Brunnenkress
1 frisch gekochter Hummer von 600-700 g

MAYONNAISE:

2 Eigelb
1 TL Kräutersenf
Salz, Pfeffer
1 EL Zitronensaft
1 EL Sherryessig
100 ml Olivenöl

Variationen über ein volkstümliches Thema: Kartoffelsalat

1. Von den Spargelstangen die oberen 12 Zentimeter abschneiden, in Salzwasser blanchieren und in Eiswasser abschrecken.
2. Eine Vinaigrette rühren und Kartoffeln sowie Spargel getrennt damit anmachen. Den Salat auf Tellern anrichten.
3. Den Aal von der Mittelgräte lösen, abziehen und in Stücke schneiden, mit dem Spargel auf den Kartoffeln anrichten und mit den Blüten garnieren.

Tip: Besonders lecker wird die Vinaigrette mit Champagneressig.

1. Die geschälte, leicht flachgedrückte Knoblauchzehe mit dem Rosmarin in Öl vorsichtig erhitzen, abkühlen lassen und absieben.
2. Das Gemüse putzen, kleinschneiden, in Salzwasser garen und kurz in Eiswasser abschrecken.
3. Alle Zutaten für das Dressing mit dem Stabmixer schaumigschlagen.
4. Das noch warme Gemüse sofort mit den Kartoffelscheiben und dem Dressing vermischen. Auf Tellern anrichten und mit Petersilie garnieren.

1. Alle Zutaten für die Mayonnaise mit einem Stabmixer schaumigschlagen.
2. Die Kartoffelscheiben mit zwei Drittel dieser Mayonnaise anmachen und die gewaschenen, abgezupften Kresseblätter (ohne die Spitzen) unterziehen.
3. Die Wachteleier hartkochen (2 Minuten), abschrecken, pellen und halbieren.
4. Das Fleisch des Hummers ausbrechen, zerteilen und zusammen mit den Wachteleihälften auf dem Kartoffelsalat anrichten. Mit der restlichen Mayonnaise überziehen.
5. Mit den Kressespitzen garnieren.

GROSSER GARTENSALAT MIT SPROSSEN UND KERNEN
(FÜR 2 PERSONEN)

150 g gemischte Sprossen nach Wahl, z.B. Mungobohne, Adzukibohne, Alfalfa, Kresse, Kürbis, Kichererbse, Weizen, Roggen, Senf, Linsen, Rettich, etc.
300 g gemischte Salate, etwa Feldsalat, Chicorée, Eichblatt, Frisée, Löwenzahn, Radicchio, etc.
100 g rohes Gemüse, z. B. Fenchel, Paprika, Avocado, Karotte

VINAIGRETTE:
3 EL Apfel-Honig-Essig
Salz, Pfeffer
8 EL Haselnußöl
Schnittlauch
Schalotte
60 g Nüsse nach Belieben

1. Sprossen waschen und verlesen, trockentupfen. Salate putzen, waschen und kleinschneiden oder zerzupfen. Gemüse putzen und kleinschneiden.
2. Eine Vinaigrette rühren und den Salat damit anmachen. Auf Tellern anrichten und mit den Nüssen bestreuen.

Ein Frühlingsfest auf dem Teller

BLUMENKOHL UND BROKKOLI LAUWARM MIT LANGOSTINOS

(FÜR 4 PERSONEN)

1 kleiner Blumenkohl
4 Stengel Brokkoli
Salz
1 Kopf Frisée
2 EL Sherryessig
4 EL Sojaöl
8 Langostinos
Traubenkernöl zum Braten
Salz, Pfeffer

MAYONNAISE:

2 Eigelb
½ TL Senf
1 EL Sherryessig
Salz, Pfeffer
⅛ l Traubenkernöl
2 EL Kalbsfond
1 Bund Basilikum, gehackt

1. Blumenkohl und Brokkoli in Röschen teilen und getrennt in Salzwasser auf Biß blanchieren; warmstellen.
2. Den Frisée putzen, waschen und trockenschleudern. Frisée mit Sherryessig und Traubenkernöl anmachen.
3. Langostinos ausbrechen, den Darm ziehen, in Traubenkernöl braten und danach mit Salz und Pfeffer würzen.
4. Die Mayonnaise herstellen (s. S. 161).
5. Teller mit Frisée belegen. Blumenkohl und Brokkoli darauf verteilen und mit der Mayonnaise überziehen.
6. Die Langostinos zwischen die Kohlröschen stecken und mit Basilikum garnieren.

Langostinos haben viele Namen: Scampi, Kaisergranat oder Tiefseehummer.

Langostinos mit einer speziellen Hummerzange sauber zerlegen.

Aus dem ausgelösten Schwanzfleisch sehr vorsichtig den Darm herausziehen.

Kaisergranat und der doppelte Kohl

Nicht nur Grünes von Feld und Wiese

FELDSALAT MIT LINSEN, SPROSSEN UND GÄNSELEBER
(FÜR 4 PERSONEN)

120 g Linsen, vorzugsweise schwarze indische
80 g Linsensprossen
2 Schalotten, feingehackt
400 g Feldsalat

VINAIGRETTE:
2 EL Balsamessig
4 EL Kürbiskernöl
2 EL Linsenkochwasser
Salz, Pfeffer

GARNITUR:
2 EL Tomatenwürfel
8 Scheiben Gänseleber à 40 g
geklärte Butter zum Braten
Salz, Pfeffer

1. Die einige Stunden eingeweichten Linsen kurz pochieren – sie sollen "al dente" sein. Mit Linsensprossen und Schalotten mischen.
2. Aus den angegebenen Zutaten eine Vinaigrette rühren und die Linsen mit 1-2 EL davon anmachen.
3. Den Feldsalat putzen, waschen und trockenschleudern. Mit der restlichen Vinaigrette anmachen und auf Teller verteilen.
4. Die Linsen und die Tomatenwürfel darüberstreuen.
5. Die Leber bei mittlerer Hitze in der geklärten Butter ca. 40 Sekunden je Seite braten. Anschließend leicht salzen, pfeffern und auf dem Salat anrichten.

INNEREIEN VOM KALB AUF BRUNNENKRESSE-SALAT
(FÜR 4 PERSONEN)

125 g gekochte, abgezogene Kalbszunge
125 g Kalbsbries
125 g Kalbsleber
geklärte Butter zum Braten
Salz, Pfeffer

VINAIGRETTE:
2 EL Weinessig
Salz, Pfeffer
4 EL Olivenöl
1 feingehackte Schalotte
1 EL Schnittlauchröllchen
je 1 EL Rettich und Radieschen, feingewürfelt
1 Kopfsalat
400 g Brunnenkresse
4 Tomaten

1. Aus Essig, Salz, Pfeffer, Öl, Schalotte und Schnittlauch eine Vinaigrette rühren. Die Hälfte davon abnehmen, Rettich und Radieschen einrühren. Mit dieser Mischung die in 4 Scheiben geschnittene Kalbszunge anmachen.
2. Das Kalbsbries wässern. Wasser mehrfach wechseln. Alle Häute und Blutgerinnsel entfernen und das Bries trockentupfen.
3. Kopfsalat und Kresse waschen, die Kresseblätter abzupfen, beides trockentupfen, mit der restlichen Vinaigrette (ohne Rettich und Radieschen) anmachen.
4. Die Tomaten in Würfel schneiden. Die Teller mit den Blattsalaten belegen, und die Tomatenwürfel darauf verteilen.
5. Leber und Bries in 4 Stücke teilen, in geklärter Butter braten, dann leicht salzen und pfeffern. Auf dem Salat anrichten.

SPARGEL IN KAVIARRAHM MIT FLUSSKREBSEN
(FÜR 6 PERSONEN)

36 Stangen Spargel
36 Flußkrebse

DRESSING:
100 g Crème fraîche
100 g Joghurt
1 TL Senf
1 EL Sherryessig
2 EL Traubenkernöl
Salz, Pfeffer
Zitronensaft
100 g Kaviar (nach Belieben und Budget von Stör, Lachs oder Forelle)

1. Den Spargel schälen und in Salzwasser je nach Geschmack ca. 10 bis 20 Minuten garen. In Eiswasser abschrekken.
2. In einem großen Topf mindestens 5 Liter Salzwasser zum sprudelnden Kochen bringen, die Krebse hineinwerfen, aufkochen, vom Herd nehmen und 2 Minuten ziehen lassen. Die Krebse abkühlen lassen, ausbrechen und den Darm ziehen. Sechs Krebsnasen als Dekoration verwahren.
3. Crème fraîche, Joghurt, Senf, Essig und Öl verrühren; mit Salz, Pfeffer und Zitronensaft abschmecken. Den Kaviar vorsichtig unterheben.
4. Spargel und Krebsfleisch auf Tellern "wild" anrichten und mit der Kaviarsauce nappieren.
Mit den Krebsnasen garnieren.

Tip: Versuchen Sie dieses Rezept auch einmal mit grünem Spargel. Dann allerdings die Garzeit verkürzen.

Zarte Triebe und Feines aus dem Wasser

Eine Sepia in bester Gesellschaft

TINTENFISCHE MIT AVOCADO UND CHAMPIGNONS
(2 PERSONEN)

1 große Avocado
100 g mittelgroße weiße Champignons
1 kleiner Kopf Frisée

VINAIGRETTE:
1 EL gehackter Kerbel
2 EL Zitronensaft
1 EL Sherryessig
Salz, Pfeffer
2 EL Fischfond
4 EL Olivenöl

10 kleine Sepien
geklärte Butter zum Braten

SAUCE:
2 Lauchzwiebeln mit Grün
1 Knoblauchzehe
1 kleine Dose Tomaten, abgetropft (oder die ensprechende Menge frischer, sehr reifer Tomaten)
Salz, Pfeffer

GARNITUR:
Kerbelblätter

1. Die halbe Avocado in Scheiben, die andere Hälfte in Würfel schneiden.
2. Champignonköpfe in Scheiben schneiden, die Abschnitte für den Fond aufheben.
3. Frisée putzen und waschen.
4. Die Vinaigrette rühren und Pilze, Frisée und Avocado damit anmachen.
5. Die Sepien in geklärter Butter braten und warmstellen.
6. In der Pfanne die geschnittenen Lauchzwiebeln, die durchgedrückte Knoblauchzehe und die Champignons anschwitzen, mit den Tomaten ablöschen, würzen, etwas einkochen und durch ein Sieb streichen.
7. Avocadoscheiben und Frisée sternförmig auf Tellern anrichten, Pilze und Avocadowürfel darauf verteilen, die Sepien daraufsetzen und mit der Tomatensauce überziehen. Mit Kerbel garnieren.

Erlaubt ist, was gefällt

Gänse- und andere Blümchen: Hier dürfen, sollen sie gegessen werden. Genauso bunt wie ihr Anblick ist die Palette ihrer pikanten Aromen (Rezept auf der folgenden Seite).

◄ FOTO SEITE 58-59

DER GROSSE BLUMENSALAT
(FÜR 2 PERSONEN)

Je 50 g Birkenblätter, Löwenzahn und Blätter der Kapuzinerkresse
2 große Handvoll Blüten von Kapuzinerkresse, Gänseblümchen, Begonien, Brunnenkresse, Holunder, evtl. Veilchen, wilde Möhren, Kerbel;
Thymian
Schnittlauch

VINAIGRETTE:
2 EL Weinessig
Salz, Pfeffer
5 EL Sojaöl
1 EL gehackte, hellgrüne Fichtentriebe
1 feingehackte Schalotte
1 EL Schnittlauchröllchen

1. Von allen Blättern und Blüten die Stiele entfernen. Blätter und Blüten getrennt waschen und trockentupfen.
2. Essig, Salz, Pfeffer und Öl verrühren, die Blätter damit anmachen und die Teller damit belegen.
3. Fichtentriebe, Schalotte und Schnittlauch in die restliche Vinaigrette rühren, die Blüten darin anmachen und auf den Blättern dekorativ anrichten.
4. Die Blütenpracht auf dem Teller ist den meisten Menschen hierzulande ein ungewohnter Anblick. Der Geschmack ist nicht weniger überraschend.

Woher die Blüten nehmen? Am besten natürlich aus dem eigenen Garten. Aus der freien Natur nur dann, wenn Sie sicher sind, daß sie nicht mit Agrarchemie behandelt worden sind.
Keinesfalls aus dem Blumenladen – in den Gärtnereien, die Blumen anbauen, werden massiv chemische Dünger und Gifte eingesetzt.

FOTO OBEN

MEIN LIEBLINGS-SALAT
(FÜR 2 PERSONEN)

1/3 Gurke, ungeschält
2 Tomaten
1 grüne Paprikaschote
2 Stangen Bleichsellerie
2 Lauchzwiebeln mit Grün
1 Bund Schnittlauch
1 Bund Basilikum
200 g Schafskäse (Feta)

VINAIGRETTE:
2 EL Balsamessig
Salz, Pfeffer
4 EL Olivenöl

1. Die Gurke in Stifte, die Tomaten in Achtel, die entkernte Paprika und den Sellerie in Streifen, Zwiebeln und Schnittlauch in Ringe schneiden. Mischen und Basilikumblättchen zugeben.
2. Aus Essig, Salz, Pfeffer und Öl eine Vinaigrette herstellen und den Salat damit anmachen.
3. Käse in Würfel schneiden und untermischen. Salat vor dem Servieren ziehen lassen.

BRUNNENKRESSE MIT KOHLRABI-APFELROHKOST AUF KRESSEJOGHURT

(FÜR 2 PERSONEN)

2 Kohlrabi
1 roter Apfel
1 Bund Brunnenkresse
80 g Erdnüsse

VINAIGRETTE:
2 EL Apfelessig
Salz, Pfeffer
4 EL Erdnußöl
die gehackten feinen Blätter der Kohlrabi

KRESSEJOGHURT:
150 g Joghurt
2 EL Brunnenkresseblätter
Salz, Pfeffer
Zitronensaft

1. Kohlrabi schälen und in Stifte, den Apfel ungeschält in Scheiben schneiden; die Kresseblätter abzupfen (die großen für den Joghurt verwenden), die Erdnüsse ausbrechen.
2. Eine Vinaigrette rühren und alles darin anmachen.
3. Joghurt und Kresseblätter mixen, mit Salz, Pfeffer und Zitrone abschmecken.
4. Die Hälfte des Joghurts als Spiegel auf Teller gießen, den Salat darauf verteilen und mit dem restlichen Joghurt überziehen.

ROMANA MIT ROSA LINSEN IN INGWERSAHNE

(FÜR 4 PERSONEN)

160 g rosa Linsen
2 Köpfe Romana
8 kleine Lauchzwiebeln mit Grün
2 rote Äpfel
80 g Walnüsse

DRESSING:
2 EL Apfelsaft
10 g frischer Ingwer, gerieben
2 EL Walnußöl
2 EL Obstessig
Salz, Pfeffer
100 g Crème fraîche

GARNITUR:
Zitronenmelisse

1. Die Linsen in Salzwasser blanchieren, bis sie gerade eben weich sind; abgießen und kalt abschrecken.
2. Den Salat putzen, waschen und in Blätter zerlegen. Die großen Blätter kleinschneiden.
3. Die Lauchzwiebeln längs halbieren, den Apfel in Scheiben schneiden.
4. Die Zutaten für das Dressing, jedoch ohne Crème fraîche, verrühren. Damit die Zwiebeln und die Romanablätter anmachen.
5. In das restliche Dressing die Crème fraîche einrühren, damit den Romana und die Linsen anmachen.
6. Die Romanablätter sternförmig auf Tellern anrichten, die Linsen in die Mitte geben, die Apfelscheiben als Krone daraufsetzen. Mit Melisse garnieren.

LOLLO ROSSO MIT MINZ-JOGHURT

(FÜR 4 PERSONEN)

16 große Champignons
1 Kopf Lollo rosso
Zesten von 1 unbehandelten Zitrone
Minzeblätter

VINAIGRETTE:

2 EL Weißweinessig
Salz
Pfeffer
4 EL Sonnenblumenöl

MINZJOGHURT:

150 g Joghurt
2 EL Zitronensaft
1 EL unbehandelte Zitronenschale, (blanchiert und gehackt)
1 Prise Zucker
Salz, Pfeffer
2 EL gehackte Minze

1. Champignons putzen und in Scheiben schneiden, Salat putzen, waschen und trokkenschleudern; beides mit der Vinaigrette anmachen.
2. Die Zutaten für den Minzjoghurt mit dem Stabmixer aufschlagen.
3. Den Minzjoghurt als Spiegel auf Teller gießen, Lolloblätter rosettenartig darauf anrichten, die Champignonscheiben dazwischenstecken und mit den Zitronenzesten und der Minze garnieren.

MEERESFRÜCHTE AUF EICHBLATTSALAT MIT SAFRANMAYONNAISE

(FÜR 4 PERSONEN)

1 mittelgroße Rotbarbe
4 kleine Rochenflügel
4 Langostinos
4 Austern
1 Kopf grüner Eichblattsalat
2 kleine Fenchelknollen
½ ungeschälte Gurke
4 Stangen Bleichsellerie
4 Tomaten
40 g Senfsprossen
geklärte Butter zum Braten
Kräuter zum Garnieren

VINAIGRETTE:

1 EL Safranessig
1 EL Sherryessig
Salz, Pfeffer
1 TL Senf
5 EL Olivenöl
2 EL gehackte Kräuter, (Dill, Basilikum)
Fenchelgrün

SAFRANMAYONNAISE:

3 Eigelb
1 EL Weißweinessig
1 TL Senf
Salz, Pfeffer
1 Msp. Safranpulver
¼ l Olivenöl

1. Fisch filieren und in mundgerechte Stücke schneiden. Langostinos zum Braten vorbereiten. Die Austern öffnen und auslösen, das Austernwasser durch ein feines Sieb gießen.
2. Eichblattsalat putzen und waschen. Fenchel putzen, waschen und in schmale Streifen schneiden. Gurke längs halbieren, die Kerne mit einem Löffel herausschaben, Gurke in Scheiben schneiden. Bleichsellerie fein würfeln, Tomaten waschen und in Achtel schneiden. Senfsprossen waschen und abtropfen lassen.
3. Aus den aufgeführten Zutaten eine Vinaigrette rühren; alle Salatzutaten außer Eichblatt damit anmachen.
4. Alle Zutaten für die Mayonnaise mit dem Stabmixer schaumigrühren.
5. Nun auch den Eichblattsalat mit Vinaigrette anmachen.
Die Teller mit Eichblattsalat belegen, die übrigen Salatbestandteile darauf verteilen.
6. Fisch und Langostinos in geklärter Butter bei mittlerer Hitze in der Pfanne anbraten.
7. Die Austern in Salzwasser oder Fischfond kurz pochieren. Mit Fisch und Langostinos auf dem Salat anrichten, mit der Mayonnaise überziehen und mit Dill, Basilikum und Fenchelgrün garnieren.

Tip: Sie können die Fische und Meeresfrüchte ganz nach Belieben und dem Angebot des Marktes zusammenstellen. Es eignen sich Seeteufel, Lachs, Krusten- und Schaltiere aller Art.

RADICCHIO PIKANT MIT THUNFISCH

(FÜR 2 PERSONEN)

2 Köpfe Radicchio
1 rote Zwiebel
1 gelbe Paprika
1 grüne Paprika
1 Dose Thunfisch

VINAIGRETTE:

2 EL Rotweinessig
Salz, Pfeffer
4 EL Olivenöl
2 EL Kapern
1 feingehackte Knoblauchzehe
2 EL gehackte Petersilie

GARNITUR:

Blüten von Thymian und Salbei, glatte Petersilie

1. Vom Radicchio einen Teil des weißen Strunks herausschneiden und die Blätter teilen.
2. Die Zwiebel in Ringe, die entkernte Paprika in Würfel schneiden. Alles mischen und mit der Vinaigrette anmachen.
3. Die Teller mit Radicchio belegen, Zwiebeln und Paprika darauf anrichten. Den abgetropften Thunfisch zerpflücken und darauf verteilen.
4. Mit Salbei- und Thymianblüten und Petersilie garnieren.

BATAVIA IN RADIESCHEN-VINAIGRETTE MIT KALBSZUNGE
(FÜR 6 PERSONEN)

VINAIGRETTE:

1 Bund Radieschen
4 EL Weißweinessig
4 EL Rinderbrühe
Salz, Pfeffer
8 EL Erdnußöl

1 gekochte Kalbszunge
12 kleine Salatkartoffeln
Salz
2 EL Butter
2 Köpfe Bataviasalat
1 Bund Radieschen

1. Zunächst die Vinaigrette herstellen: einige Radieschen in feine Streifen schneiden, die übrigen mit Essig, Brühe, Salz, Pfeffer und Öl im Mixer pürieren.
2. Die Zunge von Knorpeln, Sehnen und Häuten befreien, in Scheiben schneiden, in zwei Drittel der Vinaigrette marinieren.
3. Die in der Schale gegarten Kartoffeln pellen, in Scheiben schneiden, leicht salzen und in der Butter braten; warm stellen.
4. Batavia putzen, waschen und trockenschleudern. Die kleinen Blätter ganz lassen, die größeren in Streifen schneiden und mit Vinaigrette anmachen.
5. Die Radieschen in Scheiben schneiden und ebenfalls mit Vinaigrette anmachen.
6. Teller mit Batavia belegen, darauf die Kalbszunge geben; Kartoffeln, Radieschen und Bataviastreifen daneben anrichten.

TÄUBCHEN MIT BLÜTEN UND BLÄTTERN
(FÜR 2 PERSONEN)

4 große Blätter grüner Eichblattsalat
4 große Blätter Senfrauke (Ruccola)
50 g Friséesalat
6 Zweige Brunnenkresse mit Blüten
4 Stangen grüner Spargel
Salz
1 Handvoll Blüten: Kapuzinerkresse, Gänseblümchen, Schnittlauchblüte, Blüten von Kerbel, Salbei und Thymian
1 Taube mit ihren Innereien
Salz, Pfeffer
geklärte Butter zum Braten

VINAIGRETTE:

2 EL Apfel-Honig-Essig
Salz, Pfeffer
4 EL Haselnußöl
1 feingehackte Schalotte
2 EL Schnittlauchröllchen

SAUCE:

3 EL Geflügelfond
3 EL Madeira
10 g Butterflöckchen

1. Salat und Kresse putzen, waschen und trockenschleudern.
2. Spargel schälen, in Salzwasser nach Geschmack 2 bis 5 Minuten blanchieren und in Eiswasser abschrecken.
3. Aus den angegebenen Zutaten eine Vinaigrette rühren, Blattsalat sowie Spargel damit anmachen, auf Tellern anrichten.
4. Die Blüten wenn nötig waschen und trockentupfen.
5. Die Taube auslösen und zerteilen, salzen und pfeffern; Brüste, Keulen, Herz und Leber braten und warmstellen.
6. Das Fett aus der Pfanne abgießen, den Bratfond mit Geflügelfond und Madeira loskochen und auf ein Drittel reduzieren. Den Fond mit kalten Butterflöckchen binden.
7. Die Taubenteile auf dem Salat anrichten, mit Sauce beträufeln und das Ganze mit den Blüten bestreuen.

EISBERGSALAT SÜSS-SAUER MIT ENTENBRUST
(FÜR 4 PERSONEN)

4 Orangen ohne Kerne
1 Staude Bleichsellerie
1 Kopf Eisbergsalat
4 Entenbrusthälften gebraten, geräuchert oder gebeizt

DRESSING:

2 EL Obstessig
1 TL Honig
Salz, Pfeffer
2 EL Orangensaft
2 EL Geflügelfond
2 EL Pinienkerne
2 EL Korinthen

1. Die Orangen mit einem scharfen Messer schälen; das Fruchtfleisch als Filets zwischen den Trennhäuten herausschneiden.
2. Sellerie und Eisbergsalat in grobe Stücke schneiden.
3. Die Zutaten für das Dressing verrühren und alles damit anmachen.
4. Den Salat auf Teller verteilen, die Entenbrust aufschneiden und dekorativ dazu anrichten.

Tip: Das Dressing schmeckt mit Himbeeressig besonders gut.

Kleine Gerichte: Groß in der Vielfalt

Weniger, dafür öfter, heißt das feinschmeckerische, fitneßbewußte Ernährungskonzept der Zukunft. Kleine Happen bieten Abwechslung, ohne den Magen zu belasten.

Frischer Ziegenkäse, in Traubenkernöl mit Kräutern mariniert, dazu Vollkornbrot: Ideal zum zweiten Frühstück oder als Käsegang in einem Menü. Rezept auf S. 68.

ESSENSPAUSEN ZUR ERHOLUNG

Kleine Gerichte sind groß im Kommen. Ein Imbiß erfrischt und belebt, ohne uns mit Kalorien zu belasten, mit einem Völlegefühl zu beschweren. Fünf bis sechs Mal pro Tag eine Kleinigkeit zu sich nehmen — das ist der neue fitneß- und figurfreundliche Mahlzeitenrhythmus. Imbisse und Snacks über den Tag verteilt sind während der Arbeitswoche die ideale Energiezufuhr — der große Brunch und das mehrgängige Menü sind die ausgedehnten Eßvergnügen fürs Wochenende.

Verzichtgefühle brauchen bei der kleinen Mahlzeit nicht aufzukommen. Wer bewußt, also langsam, ißt wird auch von einer kleinen Portion satt. So wird die Essenspause zur Erholung und nicht zum Belastungsprogramm.

◀FOTO S. 66-67

WARMER SPARGEL IN TOMATEN-BASILIKUM-VINAIGRETTE

(FÜR 4 PERSONEN)

1 kg Spargel
(weißer oder grüner oder halb und halb)
Salz

VINAIGRETTE:

4 Tomaten
2 Bund Basilikum
50 g Schalotten
1 EL Butter
4 TL Sherryessig
40 ml Traubenkernöl
1/4 l Weißwein
4 TL Zitronensaft
Salz
Pfeffer

1. Den Spargel schälen und in Salzwasser blanchieren (weiß je nach Dicke der Stangen und Geschmack 4-15 Minuten, grün 1-8 Minuten) – er muß knackig bleiben. Warmstellen.
2. Die Tomaten abziehen, entkernen und in kleine Würfel schneiden. Die Basilikumblätter abzupfen und in feine Streifen schneiden.
3. Die Schalotten schälen, fein würfeln und in der Butter glasig anschwitzen. Mit Essig, Öl, Weißwein und Zitronensaft ablöschen und um ein Drittel einkochen.
4. Mit Salz und Pfeffer abschmecken. Falls die Sauce zu dünnflüssig ist, bindet man sie mit ein oder zwei Stückchen kalter Butter.
5. Tomaten und Basilikum unter die Sauce mischen.
6. Den Spargel anrichten und mit der Vinaigrette überziehen.

Tip: Vinaigrette mit 30 g frischen Sprossen anreichern.

FOTO S. 65

ZIEGENKÄSE IN KRÄUTERMARINADE

(FÜR 6 PERSONEN)

12 Portionen Ziegenfrischkäse (nicht zu frisch, aber auch nicht zu fest)
je 50 g grüne und rosa Pfefferkörner
6 Zweiglein Thymian
6 geschälte Knoblauchzehen

MARINADE:

750 ml grünes Traubenkernöl
40 ml Balsamessig
Salz
Pfeffer aus der Mühle
abgezupfte Rosmarinblättchen (Zweig von 15 cm)

1. Käse, Pfefferkörner, Thymian und Knoblauchzehen in ein 1,5 l-Einmachglas schichten.
2. Die Zutaten für die Marinade verrühren und auf den Ziegenkäse gießen. Abgedeckt 3-4 Tage ziehen lassen.
3. Jede Portion mit etwas Marinade sowie einem Stückchen Rosmarin- und Thymianzweig anrichten.

LOUP IN OLIVEN-VINAIGRETTE MIT GRATINIERTEN TOMATEN

(FÜR 4 PERSONEN)

400 g Filet vom Wolfsbarsch („Loup de mer"), ersatzweise Steinbutt

VINAIGRETTE:

1/4 l Fischfond
40 ml Noilly Prat
200 ml Olivenöl
40 ml Sherryessig
Salz
Pfeffer
100 g schwarze Oliven, entsteint
50 g Schalotten

TOMATEN:

4 mittelgroße Tomaten
Salz
Pfeffer
4 EL Basilikumblätter
120 g frisch geriebener Parmesan
1 Ei
50 ml Sahne

GARNITUR:

Basilikumblätter

1. Fischfond mit Noilly Prat, Öl und Essig aufkochen, auf die Hälfte einkochen lassen und mit Salz und Pfeffer abschmecken. Oliven und Schalotten in Ringe schneiden und zugeben.
2. Den Fisch mit dieser noch warmen Marinade begießen, mit Folie abdecken und 24 Stunden im Kühlschrank ziehen lassen.
3. Die Tomaten in Scheiben schneiden, salzen und pfeffern. Mit feingeschnittenem Basilikum und Parmesan bestreuen.
4. Ei und Sahne verquirlen und auf die parmesanbestreuten Tomaten geben.

5. Die Tomatenscheiben unter dem Grill gratinieren, bis die Eimasse gestockt ist.
6. Den Fisch in 4 Portionen teilen, auf Tellern anrichten und mit etwas Marinade überziehen. Die überbackenen Tomaten dazulegen.
7. Mit Basilikumblättern garnieren.

Ein Seewolf zeigt sich von der besten Seite

In die Nesseln gesetzt

BRENNESSELKÄSE MIT GÄNSEBLÜMCHEN-VINAIGRETTE
(FÜR 6 PERSONEN)

500 g Schafs-Frischkäse
500 g Ziegen-Frischkäse
Salz
Pfeffer
200 g Brennesseln (junge, zarte Blätter)
1 Knoblauchzehe

VINAIGRETTE:
3 EL Weißweinessig
Salz
Pfeffer
9 EL Walnußöl
1 kleine Schalotte

GARNITUR:
3 EL gehackte Walnußkerne
3 EL Gänseblümchen

1. Den Käse zerdrükken, durch ein Sieb streichen und mit Salz sowie Pfeffer würzen.
2. Die Hälfte der Brennesseln und die Knoblauchzehe feinhacken und mit dem Käse vermischen. Den Käse zur Rolle formen, in Alufolie wickeln und 2 bis 3 Stunden kaltstellen.
3. Die restlichen Brennnesseln feinhacken und den Käse darin wälzen.
4. Essig, Salz, Pfeffer und Öl verrühren. Die Schalotte in Würfel oder Ringe schneiden und dazugeben.
5. Den Käse in Scheiben schneiden, auf Tellern anrichten und mit der Vinaigrette beträufeln. Mit Walnüssen und Gänseblümchen dekorieren.

GRATINIERTE ARTISCHOCKENBÖDEN MIT MASCARPONE-FÜLLUNG
(FÜR 4 PERSONEN)

8 Artischockenböden
1 Zitrone
Salz

FÜLLUNG:
1 Birne
80 g Mascarpone
1 Eigelb
1 EL Sahne
1 EL Birnengeist
Salz
Pfeffer

1. Die vorbereiteten rohen Artischockenböden in Salzwasser, das mit Zitronensaft gesäuert wurde, ca. 10-20 Minuten garen.
2. Die Birne schälen und in Würfel schneiden.
3. Die anderen Zutaten für die Füllung verrühren und abschmekken. Die Birnenstücke unterheben.
4. Die Artischockenböden füllen und unter dem Grill gratinieren.

Tip: Ich serviere die Artischockenböden auf Eichblattsalat mit Tomaten in einer Vinaigrette aus Walnußöl und Weißweinessig.

Puffer – zur Abwechslung mal bunt

GEMÜSEPUFFER T BASILIKUMCREME

(FÜR 6 PERSONEN)

300 g Weizen-Vollkornmehl
6 Eier
100 ml Sahne
Salz
Pfeffer
4 kleine Zucchini
2 Stangen Lauch
2 Schalotten
25 g Butter
Pflanzenöl zum Ausbacken

CREME:

500 g Quark
200 g Crème fraîche
2 Bund Basilikum
Salz
Pfeffer
Zitronensaft

ZUM ANRICHTEN:

100 g geriebener alter Pecorino oder Parmesan
Basilikumblätter

1. Aus Mehl, Eiern, Sahne, Salz und Pfeffer einen Teig rühren.
2. Die gewaschenen Zucchini grob raspeln und leicht ausdrücken, den Lauch putzen und in Ringe schneiden, die Schalotten schälen und fein würfeln.
3. Das Gemüse in der Butter leicht anschwitzen und unter den Teig mischen.
4. Quark und Crème fraîche mit den abgezupften Basilikumblättern im Mixer pürieren; mit Salz, Pfeffer und Zitronensaft abschmecken.
5. Die Puffermasse eßlöffelweise in einer Pfanne mit reichlich Öl ausbacken und auf Küchenkrepp abtropfen lassen.
6. Die Puffer mit der Basilikumcreme anrichten, mit Käse bestreuen und mit Basilikumblättern garnieren.

Quark, Crème fraîche und Basilikum sind Ausgangspunkt der kühlen Creme.

In der elektrischen Messermühle sind die Zutaten im Handumdrehen gemixt.

Abgerundet wird die Basilikumcreme mit Salz, Pfeffer und Zitronensaft.

Variationen: Statt mit Weizen können die Puffer auch mit Roggen-, Hirse- oder Maismehl zubereitet werden.

VOLLKORN-GEMÜSEPIZZA
(FÜR 6 PERSONEN)

TEIG:
500 g Weizen-Vollkornmehl
30 g Hefe
¼ l Milch
60 g Butter
2 Eier
Salz
Fett für das Blech

BELAG:
1 Bund Lauchzwiebeln
3 EL Olivenöl
1 kg Tomaten
1 kleine Dose Tomaten
70 g Tomatenmark
Salz
Pfeffer
800 g Gemüse nach Wahl
6 kleine Mozzarellakäse (möglichst aus Büffelmilch)
1 Bund Basilikum

1. 100 g Mehl mit der zerbröckelten Hefe und der lauwarmen Milch zu einem Vorteig verrühren und 30 Minuten gehen lassen.
2. Die Butter zerlassen, mit den verquirlten Eiern und dem Salz mischen. Zusammen mit dem restlichen Mehl zu dem Teigansatz geben. Das Ganze zu einem glatten Teig verkneten, die Schüssel mit einem Tuch abdecken und den Teig gehen lassen, bis er sein Volumen verdoppelt hat.
3. Den Pizzateig nochmals gründlich durchkneten und erneut gehen lassen.
4. Für den Belag zunächst eine Tomatensauce herstellen: Die Lauchzwiebeln putzen, waschen, kleinschneiden und in Olivenöl anschwitzen. Die geviertelten Tomaten, die Dosentomaten und das Mark dazugeben, würzen und bei mittlerer Hitze köcheln lassen, bis die frischen Tomaten weich sind; durch ein Sieb passieren. Wenn die Sauce zu dünn ist, kocht man sie nochmals etwas ein.
5. Das Gemüse für den Belag putzen, waschen und kleinschneiden, eventuell blanchieren.
6. Den Teig ausrollen und auf ein gefettetes Blech legen; die Tomatensauce darauf verteilen.
7. Den vorbereiteten Teigboden mit dem Gemüse belegen. Den Mozzarella in Scheiben schneiden und auf der Pizza verteilen, mit gehacktem Basilikum bestreuen.
8. Die Gemüsepizza bei 220 Grad 30 bis 40 Minuten backen.

Tip: Statt Basilikum können Sie auch Thymian und Oregano verwenden.

Das Gemüsebeet auf's Blech gelegt

WILDKRÄUTERTARTE

(FÜR 6 PERSONEN)

TEIG:

200 g Vollkornmehl
150 g Butter
1 Prise Zucker
½ TL Salz
1 Eigelb
300 g Wildkräuter: Sauerampfer, Löwenzahn, Brennessel, Vogelmiere, Giersch, junge Klettenblätter, wilde Möhre, Wiesenbocksbart, Pastinak
500 g Spinat
2 Schalotten
2 Knoblauchzehen
1 TL Butter
6 Eier
250 g Ricotta
100 ml Sahne
Salz
Pfeffer

1. Das Mehl mit der in Würfel geschnittenen kalten Butter, Zucker, Salz und Eigelb zu einem Mürbteig verkneten, zur Kugel formen und 30 Minuten gekühlt ruhen lassen; dann eine 30 cm-Tarteform damit bis zum oberen Rand auslegen.

2. Die geputzten, verlesenen Wildkräuter und den Spinat blanchieren, gut abtropfen lassen und grob hakken.

3. Schalotten und Knoblauch schälen, feinwürfeln und in der Butter kurz anschwitzen.

4. Die Eier trennen. Eigelb, Ricotta und Sahne verrühren und mit Salz und Pfeffer würzen. Eiweiß steifschlagen und unterheben. Kräuter und Spinat, Schalotte und Knoblauch unter die Ei-Ricottamasse mischen.

5. Die Masse in die Tarte füllen und im vorgeheizten Ofen bei 200 Grad 30 bis 40 Minuten backen.

Primeurs mit Durchblick

In würzigem Gelee fügt sich junges Gemüse zu interessanten Mustern. Lassen Sie Ihre Fantasie spielen.
Rezept auf Seite 78-79.

Bunt gemischt soll die Einlage für eine Gemüsesülze sein. Das ist die Voraussetzung für ein hübsches Muster.

Nachdem jede Sorte für sich blanchiert und abgeschreckt wurde, soll das Gemüse gut abtropfen. Die Gemüsesorten sollen die gleiche Konsistenz haben.

Als erste kommt eine Schicht Gelee in die Form. Sie muß erstarrt sein, ehe man das Gemüse einlegt.

Die Bohnen müssen eine dichte, geschlossene Schicht bilden. Mit Gelee so aufgießen, daß sie bedeckt sind.

Sorgen Sie mit den Lagen der Sülze für farbliche Abwechslung. Üben Sie sich in Geduld, bis die einzelnen Schichten festgeworden sind.

FOTO S. 76-77

SÜLZE VON JUNGEM GEMÜSE

(FÜR 6 PERSONEN)

ca. 500 g Gemüse:
Möhren, Zucchini, Prinzeßbohnen, Kohlrabi, Blumenkohl, Brokkoli
Salz
1 l geklärter Kalbsfond
12 Blatt Gelatine

GEMÜSEVINAIGRETTE:

4 EL Apfel-Honig-Essig
100 ml Fleischbrühe
3 EL Walnußöl
Salz
Pfeffer
Gemüsewürfel nach Wahl

1. Das Gemüse putzen, waschen und gegebenenfalls kleinschneiden: die Möhren in Streifen, die Zucchini ebenfalls (nur Stücke mit Schale verwenden), die Kohlrabi in Scheiben, Blumenkohl und Brokkoli in kleine Röschen.
2. Die Gemüse nach Sorten getrennt in stark gesalzenem Wasser blanchieren, in Eiswasser abschrecken, abtropfen lassen und mit einem Tuch trokkentupfen.
3. Für das Gelee die vorgeweichte Gelatine in dem warmen, kräftig abgeschmeckten Fond auflösen und abkühlen lassen, bis er zu gelieren beginnt.
4. Eine Terrinenform mit einer 2 bis 3 Millimeter dicken Geleeschicht ausschwenken und im Kühlschrank festwerden lassen.
5. Eine Schicht Bohnen einlegen, mit Gelee bedecken und festwerden lassen.
6. Nacheinander die anderen Gemüse einlegen und jede Schicht erstarren lassen. Mit einer Zucchinischicht (Schale nach oben) abschließen.
7. Im Kühlschrank über Nacht erstarren lassen. Zum Stürzen die Form kurz in heißes Wasser stellen. Das Aufschneiden macht man am besten mit einem Elektromesser.

Anmerkung: Das Blanchierwasser muß stark gesalzen werden, damit das Gemüse dabei kein Wasser zieht und später in der Sülze wieder abgibt. Dann nämlich würde die Sülze beim Aufschneiden auseinanderfallen.
Der Fond muß kräftig abgeschmeckt werden, da die Gelatine die Wirkung der Würzung mindert. Wer ganz sicher gehen will, daß er die Sülze heil auf den Tisch bekommt, nimmt 2 bis 3 Blatt Gelatine mehr. Das macht die Sache allerdings weniger delikat.

Tip: Reichen Sie dazu eine Gemüsevinaigrette. Sie wird aus Apfel-Honig-Essig, Fleischbrühe, Walnußöl, Salz und Pfeffer gerührt und bekommt als Einlage winzige, rohe Gemüsewürfel aus Schalotten, Möhren, Zucchini, Kohlrabi . . .

TATAR VON DER AVOCADO
(FÜR 2 PERSONEN)

3 sehr reife Avocados
Salz
Pfeffer
Zitronensaft
50 g gehackter Dill
50 g gehackter Kerbel
50 g Schnittlauchröllchen
50 g gehackte Schalotten
1 zerdrückte Knoblauchzehe
1 Pfefferschote, ohne Kerne feingeschnitten
20 g Kräutersenf
50 g Crème fraîche
2 TL abgeriebene unbehandelte Zitronenschale
100 g Kaviar (je nach Gusto und Geldbeutel von Forelle, Lachs oder Stör)

1. Das Fruchtfleisch der Avocados auslösen, im Mixer pürieren und mit Salz, Pfeffer und Zitronensaft abschmecken.
2. Das Avocadotatar auf Tellern anrichten und die übrigen Zutaten drum herum garnieren.
Die Avocados bitte erst unmittelbar vor dem Servieren pürieren — der Farbe wegen.

SCHAFSKÄSECREME MIT OLIVEN UND PEPERONI
(FÜR 6 PERSONEN)

200 g Schafskäse (Feta)
100 g Butter
50 g gehackte Oliven
1 rote Peperoni
1 Knoblauchzehe
Rosmarin
Thymian
3 EL geschlagene Sahne

1. Käse durch ein Sieb streichen und zusammen mit der weichen Butter mit dem Stabmixer schaumigrühren. Die Oliven, die entkernte, in kleine Würfel geschnittene Peperoni, den durchgepreßten Knoblauch und die feingehackten Kräuter unterziehen; die Sahne unterheben. 1 bis 2 Stunden kühlen.
2. Zum Anrichten die Creme in einen Spritzbeutel füllen; mit großer Sterntülle auf dekorativ ausgestochene Stücke von Knäcke- oder Vollkornbrot spritzen.

BUTTERMILCH-PARFAIT MIT KRÄUTERN
(FÜR 6 PERSONEN)

½ l Buttermilch
6 Blatt Gelatine
125 ml Sahne
100 g gehackte frische Kräuter: Schnittlauch, Dill, Petersilie, Kerbel, Sauerampfer, Basilikum oder eine Mischung daraus.
Salz
weißer Pfeffer
Zitronensaft

1. Etwas Buttermilch erwärmen und die vorgeweichte, gut ausgedrückte Gelatine darin auflösen; unter die restliche Buttermilch geben. Sobald die Mischung zu gelieren beginnt, zieht man die steifgeschlagene Sahne und die Hälfte der Kräuter unter und schmeckt mit Salz, Pfeffer und Zitrone ab.
2. Die Mischung in eine Terrinenform füllen, glattstreichen und abgedeckt 3 bis 4 Stunden kühlen.
3. Zum Stürzen des Parfaits die Form kurz in heißes Wasser stellen. Das Parfait mit einem angewärmten Messer in dicke Scheiben schneiden.

Tip: Mit einer Kräutervinaigrette servieren und nach Belieben mit Shrimps oder Langustenschwänzen garnieren, die ebenfalls in der Vinaigrette angemacht werden.

Ein erfrischender Happen von der leichten Art

GEBEIZTER LACHS IN GELEE VON BUTTERMILCH
(FÜR 6 PERSONEN)

LACHS:

400 g Lachsfilet
mit Haut
Koriander und
Pfeffer aus der Mühle
10 g Zucker
25 g Salz
1 Bund Basilikum
2 Zitronen

GELEE:

¾ l Buttermilch
Salz
Pfeffer
Zitronensaft
40 ml Noilly Prat
100 ml Fischfond
12 Blatt Gelatine
200 ml Sahne
100 g Kaviar

1. Den Lachs mit Koriander und Pfeffer würzen und mit dem Gemisch aus Zucker und Salz einreiben. Mit der Hautseite nach unten auf eine Platte legen und mit dem feingeschnittenen Basilikum und den Zitronenscheiben belegen. Mit Klarsichtfolie abdecken und 24 Stunden im Kühlschrank ziehen lassen.
2. Für das Gelee die Buttermilch mit Salz, Pfeffer, Zitronensaft und Noilly Prat kräftig abschmecken. Den Fischfond erwärmen, die vorgeweichte Gelatine darin auflösen und mit der Buttermilch verrühren.
3. Sobald dieser Ansatz zu gelieren beginnt, die Sahne steifschlagen und unterheben.
4. Den Lachs aus der Beize nehmen und Reste mit Küchenkrepp entfernen. Den Fisch schräg in dünne Scheiben schneiden.
5. Gelee, Lachs und Kaviar schichtweise in eine Terrinenform geben und 5 bis 6 Stunden kühlen.
6. Zum Servieren die Form kurz in heißes Wasser stellen, die Speise stürzen und in Scheiben schneiden.

Die Wahl der Kaviarsorte ist eine Frage des Geschmacks und des Geldbeutels. Man kann auch verschiedene Sorten nehmen.

Kaviar und Lachs – kulinarische Schichten

DIE SUPER-FISCHBURGER
(FÜR 4 PERSONEN)

BLINI:

150 g Buchweizenmehl
50 g Weizenmehl
Type 1050
250 ml Sahne
3 Eier
Salz
Pfeffer
Butter zum Ausbacken

FISCHFRIKADELLEN:

2 altbackene Brötchen
Milch zum Einweichen
400 g Zanderfilet
1 kleine Zwiebel
1 Bund Dill
2 Eier
Salz
Pfeffer
geklärte Butter
zum Braten

SAUCE:

200 g Crème fraîche
1 EL Sherryessig
1 EL Traubenkernöl
1 TL Senf
Salz
Pfeffer
Zitronensaft
2 EL gehackter Dill

GARNITUR:

Salatblätter
Tomaten
Gurke
Fenchel
100 g Kapern
Dill

1. Für die Blini Buchweizenmehl, Weizenmehl und Sahne mit den Eiern, Salz und Pfeffer zu einer glatten Masse verrühren.
2. Für die Frikadellen die Brötchen in Milch einweichen und ausdrücken. Zusammen mit dem Fischfilet und der geschälten Zwiebel durch die mittelfeine Scheibe des Fleischwolfs drehen. Die Masse mit dem feingehackten Dill und den Eiern zu einer Farce verarbeiten und mit Salz und Pfeffer abschmecken. Mit nassen Händen acht flache Frikadellen formen.
3. Für die Sauce Crème fraîche mit Essig, Öl und Gewürzen verrühren, mit Salz und Pfeffer abschmecken.
4. Das Gemüse für die Garnitur putzen und waschen. Tomaten, Gurke und Fenchel in Scheiben schneiden.
5. Butter erhitzen und in einer mittelheißen Pfanne 12 Blini backen.
6. Die Fischfrikadellen in geklärter Butter von beiden Seiten je ca. 2 Minuten braten.
7. Zum Anrichten ein Blini mit Salatblättern bedecken und mit Sauce überziehen. Darauf kommt eine Fischfrikadelle, gefolgt von Sauce, Tomate, Gurke, Fenchel, Kapern und wieder Sauce. Mit einem Blini bedecken und die ganze Reihenfolge wiederholen bis zum dritten Blini. Mit Salatblättern, Tomaten, Gurke, Fenchel und Sauce abschließen.
8. Das i-Tüpfelchen bildet zum Schluß ein kleines Dillsträußchen.

Herausforderung an die "Bulettendreher"

TARTELETTES MIT MATJESTATAR

(FÜR 6 PERSONEN)

TEIG:

250 g feines Weizen-Vollkornmehl
1 Ei
4 EL Sahne oder Milch
Salz
125 g kalte Butter
Butter für die Förmchen

MATJESTATAR:

½ Salatgurke
½ Bund Staudensellerie
1 Apfel
1 Schalotte
½ Bund Dill
50 g Crème fraîche
1 TL Sherryessig
1 EL Traubenkernöl
Pfeffer
3 gewässerte Matjesheringe in Würfeln

1. Alle Zutaten für den Teig verkneten. In Folie wickeln und 1 Stunde kühl stellen.
2. Die ungeschälte Gurke und den geputzten Sellerie waschen und feinwürfeln. Den Apfel waschen, entkernen und würfeln.
3. Die Schalotte häuten und würfeln. Den Dill hacken.
4. Aus Crème fraîche, Essig, Öl und Pfeffer ein Dressing rühren. Gurke, Sellerie, Apfel, Schalotte, Dill und Matjes darin anmachen.
5. Den Teig ausrollen und die gefetteten Tarteletteformen (Ø 6 cm) damit auskleiden. Teig mit der Gabel einstechen. Bei 200 Grad ca. 12 Minuten backen.
6. Matjestatar in den ausgekühlten Tartelettes anrichten. Mit Dill garnieren.

KAISERSCHMARRN MIT PILZEN
(FÜR 4 PERSONEN)

- *250 g feines Weizen-Vollkornmehl*
- *6 Eigelb*
- *¼ l Milch*
- *Salz*
- *Pfeffer*
- *3 Eiweiß*
- *4 EL gehackte Kräuter (Petersilie oder Schnittlauch)*
- *Butter zum Backen*
- *500 g Pilze (Champignons, Pfifferlinge, Steinpilze oder Austernseitlinge, auch gemischt)*
- *2 Schalotten*
- *gehackte Petersilie*

1. Mehl, Eigelb und Milch verrühren. Mit Salz und Pfeffer würzen und 30 Minuten quellen lassen.
2. Das steifgeschlagene Eiweiß und die Kräuter unterheben.
3. Mit Butter in einer mittelheißen Pfanne einen oder mehrere dicke Pfannkuchen backen; nach dem Wenden mit zwei Gabeln in Stücke zerreißen und warm stellen.
4. In einer zweiten Pfanne die feingehackten Schalotten in Butter anschwitzen, die Pilze bei kräftiger Hitze braten und mit Salz, Pfeffer sowie Petersilie würzen.
5. Pilze und Schmarrn mischen und auf vorgewärmten Tellern anrichten.

VARIATION:

Statt der Pilze Käsewürfel unter den Schmarrn mischen und jede Portion auf dem Teller unter dem Grill gratinieren.

HIRSETALER MIT TOMATEN UND MOZZARELLA
(FÜR 4 PERSONEN)

- *100 g frisch gemahlene Hirse*
- *100 ml Milch*
- *2 Eigelb*
- *80 g ganze Hirse, vorgegart*
- *Salz*
- *Pfeffer*
- *2 Eiweiß*
- *gehacktes Basilikum*
- *Butter zum Braten*
- *4 Fleischtomaten*
- *300 g Mozzarella (2 Portionskäse)*
- *1 Bund Basilikum*

SAUCE:

- *200 g Crème fraîche*
- *4 EL Olivenöl*
- *1 EL Zitronensaft*
- *Salz*
- *Pfeffer*
- *4 EL Tomatenwürfel (von abgezogenen und entkernten Früchten)*
- *gehacktes Basilikum*

1. Die Milch aufkochen, die gemahlene Hirse einrühren, ausquellen lassen und vom Herd nehmen.
2. Wenn die Masse etwas abgekühlt ist, Eigelb und die gegarte Hirse einarbeiten; mit Salz und Pfeffer würzen und erkalten lassen.
3. Für die Sauce Crème fraîche, Olivenöl und Zitronensaft verrühren; mit Salz und Pfeffer abschmecken. Tomatenwürfel und Basilikum unterheben.
4. Das Eiweiß steifschlagen und unter die Hirsemasse heben. Das Basilikum unterziehen.
5. In einer mittelheißen Pfanne in Butter Taler ausbacken.
6. Auf Tellern anrichten, mit Scheiben von Tomate und Mozzarella belegen, mit Basilikum bestreuen. Das Ganze mit der Sauce umgeben.

BIRNEN GRATINIERT MIT BLAUSCHIMMELKÄSE
(FÜR 2 PERSONEN)

FÜLLUNG:

- *100 g Blauschimmelkäse (z. B. Gorgonzola oder Roquefort)*
- *1 Eigelb*
- *etwas Crème fraîche*
- *2 reife Williamsbirnen*

SALAT:

- *1 Bund Stangensellerie*
- *50 g geröstete Sonnenblumenkerne*

DRESSING:

- *100 ml Sonnenblumenöl*
- *3 EL Apfelessig*
- *Salz*
- *Pfeffer*

1. Den Käse durch ein Sieb streichen und mit dem Eigelb sowie etwas Crème fraîche verrühren.
2. Die gewaschenen Birnen halbieren und das Kerngehäuse aushöhlen. Die Käsecreme mit einem Spritzbeutel in die Birnenhälften dressieren und unter dem glühenden Grill gratinieren.
3. Den Sellerie putzen, waschen und in dünne Scheiben schneiden. Mit den Sonnenblumenkernen in dem Dressing anmachen.

KRÄUTERQUARK-TERRINE ZU PELLKARTOFFELN
(FÜR 6 PERSONEN)

- *6 Blatt Gelatine*
- *500 g Quark*
- *⅛ l Sahne*
- *100 g Radieschen*
- *100 g Rettich*
- *1 Bund Schnittlauch*
- *1 Bund Kerbel*
- *4 Blatt Borretsch*
- *1 Bund glatte Petersilie*
- *Salz*
- *Pfeffer*
- *Zitronensaft*

1. Die Gelatine in kaltem Wasser einweichen.
2. Den Quark mit der Sahne verrühren.
3. Die Radieschen und den Rettich putzen, waschen und in kleine Würfel schneiden.
4. Den Schnittlauch in Röllchen schneiden. Kerbel, Borretsch und Petersilie hacken.
5. Radieschen, Rettich und die Kräuter unter die Quarkmasse rühren. Mit Salz, Pfeffer und Zitronensaft abschmecken.
6. Eine Terrinenform mit angefeuchteter Klarsichtfolie auskleiden.
7. Die Gelatine gut ausdrücken, im Wasserbad auflösen und unter den Kräuterquark ziehen.
8. Die Masse in die Terrinenform füllen, glattstreichen und drei Stunden kühlen.
9. Zum Servieren stürzen, die Folie abziehen und in Scheiben schneiden. Dazu Pellkartoffeln und Radieschen-Rettichsalat in Schnittlauchjoghurtsauce reichen.

Tip: Für die Pellkartoffeln sind kleine neue Kartoffeln besonders lecker.

CHAMPIGNON-PLÄTZCHEN MIT KRÄUTER-SCHMANT
(FÜR 4 PERSONEN)

CHAMPIGNON-PLÄTZCHEN:

400 g rosa Champignons
3 Eier
150 g kernige Haferflocken
40 g feines Weizen-Vollkornmehl
Salz, Pfeffer
Pflanzenöl zum Ausbacken

KRÄUTERSCHMANT:

100 g Joghurt
100 g Schmant
1 Bund Schnittlauch
1 Bund Kerbel
Zitronensaft
Salz, Pfeffer

GARNITUR:

Schnittlauchröllchen

1. Die Champignons putzen. 100 g davon vierteln, den Rest grob hacken.
2. Die Eier verquirlen. Die Haferflocken und das Vollkornmehl unterrühren. Zum Schluß die Champignons unterziehen und mit Salz und Pfeffer abschmecken.
3. Die Plätzchenmasse eßlöffelweise in das heiße Pflanzenöl geben und goldgelbe Plätzchen ausbacken.
4. Champignonplätzchen auf Küchenkrepp abtropfen lassen.
5. Für den Kräuterschmant Joghurt und Schmant verrühren. Den Schnittlauch in Röllchen schneiden und den Kerbel hacken. Die Kräuter unterziehen und die Masse abschmecken.
6. Die Champignonplätzchen mit dem Kräuterschmant anrichten. Mit Schnittlauchröllchen garniert servieren.

TOPFEN-KAROTTENKNÖDEL GEFÜLLT MIT KALBSBRIES
(FÜR 4 PERSONEN)

KNÖDELMASSE

350 g abgetropfter Quark (Topfen)
70 g Butter
3 Eigelb
3 EL Paniermehl
100 g Vollkornmehl
200 g geraspelte Möhren
Salz
Pfeffer

200 g Kalbsbries
1 EL geklärte Butter

SAUCE:

1 Bund Lauchzwiebeln
1 EL Butter
1/8 l Weißwein
1/4 l Sahne
2 EL Sherry
ein Spritzer Sherryessig

1. Aus den angegebenen Zutaten die Knödelmasse herstellen und eine Stunde kühl ruhen lassen.
2. Das gewässerte und sauber parierte Bries in Stücke schneiden, kurz in der geklärten Butter braten und abkühlen lassen.
3. Knödel formen, mit Briesröschen füllen und in Salzwasser ca. 15 Minuten garziehen lassen.
4. Für die Sauce die Lauchzwiebeln putzen, in Ringe schneiden und in Butter anschwitzen.
5. Weißwein mit Sahne aufkochen, auf ein Drittel reduzieren und die Zwiebeln damit ablöschen. Sherry und Essig dazugeben, nach Geschmack würzen, reduzieren und durch ein Sieb passieren.
6. Das Grüne der Lauchzwiebeln kurz in Butter anschwitzen und zur Sauce geben.
7. Zum Anrichten die Knödel aufschneiden und die Sauce angießen.

AVOCADO MIT KRÄUTERSCHAUM
(FÜR 4 PERSONEN)

2 große reife Avocados
200 g Doppelrahm-Frischkäse
100 g Joghurt
1 kleine Knoblauchzehe
1/2 Bund Petersilie
1/2 Bund Schnittlauch
1/2 Bund Dill
Zitronensaft
etwas Olivenöl
Salz
Pfeffer
2 Eiweiß

GARNITUR:

4 kleine Dillsträußchen

1. Die Avocados waschen, abtrocknen, halbieren und den Stein auslösen.
2. Den Frischkäse mit dem Joghurt verrühren. Die Knoblauchzehe dazupressen.
3. Die Kräuter hacken und unterziehen. Zitronensaft und Öl einrühren. Abschmecken.
4. Das Eiweiß steifschlagen und unter die Kräutermasse heben.
5. Den Kräuterschaum mit einem Spritzbeutel (Sterntülle) in die Avocadohälften dressieren.
6. Mit Dillsträußchen garniert servieren.

TOMATEN-MOUSSE
(FÜR 4 PERSONEN)

500 g Tomaten
50 g Butter
2 EL Estragonessig
1 TL Estragonblätter
Salz, Pfeffer, Zucker
4 Blatt Gelatine
1/4 l Sahne, geschlagen

ESTRAGONSAUCE:

100 g Crème fraîche
50 g Joghurt
1 EL gehackter Estragon
Zitronensaft
Senf
Salz, Pfeffer

KRESSE:

400 g Kresse
2 EL Estragonessig
4 EL Olivenöl
Salz, Pfeffer

GARNITUR:

24 hartgekochte Wachteleierhälften

1. Tomaten waschen, vierteln und in der Butter sämig einkochen. Mit Essig ablöschen. Estragon und die Gewürze zugeben. Kurz köcheln lassen.
2. Die vorgeweichte Gelatine unter die Tomatenmasse rühren. Pürieren, durch ein Sieb streichen und erkalten lassen.
3. Die Sahne unterheben sobald die Gelatine anzieht. 3 bis 4 Stunden kühlen.
4. Für die Sauce Crème fraîche und Joghurt verrühren. Estragon unterziehen und abschmecken.
5. Die Kresse in einem Dressing aus Estragonessig, Öl, Salz und Pfeffer anmachen.
6. Das Tomatenmousse portionieren und mit Kresse, Sauce und Eihälften anrichten.

Suppen: Da langt auch Kasper gerne zu

Von der konzentrierten Essenz im Täßchen bis zum herzhaften Eintopf, von der klaren Consommé bis zur schaumig-sahnigen Kreation reicht die bunte Palette der verführerischen Suppen. Wer wollte da widerstehen?

Saftige Schalentiere im feinsäuerlichen Fond: Die Buttermilchsuppe mit Flußkrebsen. Rezept auf Seite 88.

MIT DEM LÖFFEL ZU GENIESSEN

Ob kalt oder warm, ob Vor- oder Hauptgericht, vom Täßchen Consommé bis zur Schale mit Eintopf: Suppen gehören zu den beliebtesten Speisen. Gewiß: Suppenlöffeln ist Gewohnheitssache. Zum Suppenkasper wird man meist als Kind — und dann aus Trotz. Allerdings hat heute so manche Suppe ein belastendes Image als Dickmacher. Nun, der Kaloriengehalt hängt hier, wie bei allen Genüssen, von der Menge und von den Zutaten ab. Ein kleines Süppchen, langsam gelöffelt, sättigt auf angenehme Weise; als kleine Mahlzeit zwischendurch hilft sie, ein heißhungerbedingtes Leistungstief zu überbrücken.
Klare Essenzen von Gemüse, Fisch oder Fleisch sind so reich an Mineralstoffen, daß sie bei einem Sportler schweißbedingte Mineralsalzverluste ausgleichen können. Eine Consommé ist ein beliebtes Stärkungsmittel für Kranke. Eine Suppe mit püriertem Gemüse ist eine Wohltat für den Magen und vor allem für Streßgeplagte ein bekömmlicher Auftakt eines Menüs. Der Eintopf vereint, wie ein typisches Tellergericht, Gemüse mit stärke- und eiweißreichen Zutaten, also Kartoffeln, Reis oder Nudeln mit Fleisch, Fisch oder Hülsenfrüchten. Den Kombinationsmöglichkeiten sind kaum Grenzen gezogen; ein richtig zusammengesetzter Eintopf ist in jedem Fall eine komplette, vollwertige Mahlzeit.

◄ FOTO S. 90-91

PAPRIKA-INGWERSCHAUMSUPPE MIT LANGOSTINOS

(FÜR 4 PERSONEN)

6 rote Paprikaschoten
1 Bund Lauchzwiebeln mit Grün
50-100 g frische Ingwerwurzel (je nach Geschmack)
8 EL Olivenöl
1 l Rinder- oder Geflügelbrühe
½ l Sahne
Salz
Pfeffer
Paprikapulver
8 Langostinos
1 Bund Kerbel

1. Paprika waschen, halbieren und entkernen. Vier Schoten in Stücke, die anderen beiden in feine Streifen schneiden. Die Lauchzwiebeln putzen und in Ringe schneiden. Den Ingwer schälen und feinhacken.
2. Die Paprikastücke, Lauchzwiebeln und den Ingwer in 4 EL Olivenöl anschwitzen, mit Brühe und Sahne angießen, aufkochen und 10 Minuten köcheln lassen. Die Suppe würzen, im Mixer pürieren und durch ein Sieb passieren.
3. Die Paprikastreifen in 2 Eßlöffel Olivenöl anschwitzen.
4. Die Langostinos ausbrechen, den Darm entfernen und das Schwanzfleisch im restlichen Olivenöl in der Pfanne braten.
5. Die Paprikastreifen auf Teller verteilen, die Langostinos daraufsetzen und die schaumig geschlagene Suppe darüberschöpfen. Mit Kerbelsträußchen garnieren.

FOTO S. 89

KALTE BUTTERMILCHSUPPE MIT KREBSEN

(FÜR 4 PERSONEN)

20 Flußkrebse
Salz
600 ml Buttermilch
100 ml stark eingekochter Krebsfond (s. S. 148)
100 ml Sahne
Salz
Pfeffer
Zitronensaft
1 EL Minze als Julienne
einige Minzeblättchen als Garnitur

1. Reichlich Salzwasser zum Kochen bringen. Die Krebse hineinwerfen, zudecken und zum Kochen bringen. Den Topf vom Herd nehmen und die Krebse 5 Minuten ziehen lassen.
2. Die Flußkrebse ausbrechen und aus den Schwänzen die Därme entfernen. Vier Krebsnasen als Garnitur verwahren.
3. In einer Schüssel auf Eis Buttermilch, Krebsfond und Sahne mit dem Stabmixer schaumigschlagen; mit Salz, Pfeffer und Zitronensaft abschmecken. Die Minzejulienne unterziehen.
4. Die Suppe auf Tellern verteilen, die Krebse hineingeben und mit Minzeblättchen sowie Krebsnasen dekorieren.

Delikates exotisch, Bodenständiges mit Raffinesse

SAUERKRAUTSUPPE MIT BLUTWURSTNOCKEN

(FÜR 4 PERSONEN)

1 Bund Lauchzwiebeln
50 g Butter
150 g rohe Kartoffelwürfel
450 g rohes Sauerkraut
1 l Rinderbrühe
2 EL Schalottenessig
¼ l Sahne
1 Messerspitze Kümmel
3 Wacholderbeeren
1 Lorbeerblatt
Salz
Pfeffer

BLUTWURSTNOCKEN:
100 g Blutwurst
50 g Kalbfleisch
50 g Vollkornbrot ohne Rinde, in Milch eingeweicht und ausgedrückt
1 Ei
2 EL Sahne
Salz, Pfeffer
4 EL Weißwein
4 EL geschlagene Sahne

1. Die geputzten Lauchzwiebeln waschen, in Ringe schneiden und in der Butter anschwitzen; die Kartoffeln und 250 g Sauerkraut dazugeben und ebenfalls anschwitzen.

2. Mit Brühe und Essig ablöschen, die Sahne dazugeben, abschmekken und 10 Minuten köcheln lassen. Wacholderbeeren und Lorbeerblatt entfernen, die Suppe im Mixer pürieren und durch ein Sieb streichen.

3. Für die Nocken alle Zutaten in der Messermühle zu einer Farce verarbeiten, Nocken abstechen und in Brühe oder Salzwasser garziehen lassen.

4. Das restliche Sauerkraut im Weißwein erhitzen und auf vorgewärmte Teller verteilen. Die Nocken daraufsetzen.

5. Die Suppe erhitzen, die geschlagene Sahne mit dem Stabmixer einarbeiten und die Suppe auf die Einlage schöpfen.

BUNTER BOHNENEINTOPF MIT KALBSFILET

(FÜR 6 PERSONEN)

100 g weiße Bohnen, getrocknet
100 g schwarze Bohnen, getrocknet
4 kleine rote Zwiebeln
2 rote Paprikaschoten, gewürfelt
1 kleine rote Chilischote ohne Kerne, gewürfelt
4 EL Olivenöl
1 l trockener Weißwein
60 ml Sherryessig
2 l Rinderbrühe
200 g rote Bohnen aus der Dose
Würzsträußchen aus Bohnenkraut, Basilikum, Thymian und Lorbeerblatt
500 g Kalbsfilet
Salz
Pfeffer
1 EL geklärte Butter
100 g Mungobohnen, gekeimt
100 g Adzukibohnen, gekeimt
100 g entkernte schwarze Oliven

1. Die getrockneten Bohnen am Vortag in kaltem Wasser einweichen. Im Schnellkochtopf nicht zu weich garen.

2. Zwiebeln, Paprika und Chili in Olivenöl anschwitzen, mit Wein, Essig und Brühe ablöschen. Die gegarten Bohnen, die Bohnen aus der Dose und das Gewürzsträußchen dazugeben und ca. 1 Stunde köcheln lassen.

3. Das Kalbsfilet von Fett und Sehnen befreien, würzen und in geklärter Butter rundum anbraten; die letzte halbe Stunde bei den Bohnen mitgaren.

4. Das Fleisch herausnehmen, Mungo- und Adzukibohnenkeime sowie die Oliven dazugeben und einmal aufkochen lassen.

5. Das Kalbsfilet in dünne Scheiben schneiden und als Einlage in den Bohnentopf geben.

Bohne, Bohne, Bohnissimo

KLARE BOHNENSUPPE
(FÜR 4 PERSONEN)

EINLAGE:

je 50 g weiße, schwarze und rote Trockenbohnen
50 g gepulte Saubohnen
100 g breite Bohnen

FOND:

1 Bund Lauchzwiebeln mit Grün
1 kg breite Bohnen
4 EL Olivenöl
1 ½ l Rinderbrühe
Salz
Pfeffer
1 Bund Bohnenkraut
4 Eiweiß
Bohnenkraut für die Garnitur

1. Die Trockenbohnen am Vortag einweichen.
2. Lauchzwiebeln und breite Bohnen putzen, waschen, kleinschneiden und im Olivenöl anschwitzen. Mit der Brühe ablöschen, mit Salz, Pfeffer und Bohnenkraut würzen. Aufkochen und 1 Stunde ohne Deckel köcheln lassen. Anschließend passieren und abkühlen lassen.
3. Zum Klären das Eiweiß verquirlen und in die Brühe geben. Bei mittlerer Hitze unter Rühren aufkochen, 2 Minuten ziehen lassen (nicht mehr rühren) und durch ein Passiertuch oder ein sehr feines Sieb gießen.
4. Die breiten Bohnen für die Einlage waschen, abfädeln, in Rauten schneiden und kurz in Salzwasser blanchieren. Die eingeweichten Trockenbohnen kochen, bis sie so eben weich sind.
5. Die Bohnen für die Einlage und das abgezupfte Bohnenkraut auf vorgewärmte Teller verteilen. Die heiße Brühe zufüllen.

Das Quartett . . .

KLARE PETERSILIENSUPPE MIT PETERSILIENKLÖSSCHEN, TOMATEN UND SHRIMPS
(FÜR 4 PERSONEN)

4 große Petersilienwurzeln
2 Bund glatte Petersilie
1 Stange Lauch
1 EL Butter
1 l Rinderbrühe
Salz
Pfeffer
1 Lorbeerblatt
3 Eiweiß zum Klären

KLÖSSCHEN:

4 Petersilienwurzeln
1 Ei
2 EL gehackte Petersi
2 EL Vollkornmehl
4 kleine Tomaten
120 g Shrimps
Petersilienblätter für d
Garnitur

1. Die Petersilienwu zeln, die Petersilie s wie den Lauch putze waschen, kleinschn den und in der Butt anschwitzen. Mit d Brühe ablöschen, m Salz, Pfeffer und L beerblatt würzen u eine halbe Stun köcheln lassen.
2. Die Brühe durch e Sieb passieren und kalten lassen.
3. Zum Klären d leicht verquirlte I weiß in die Brühe g ben, diese unter ge gentlichem Rühren b mittlerer Hitze aufk chen und ohne Rühre 2 Minuten ziehen la sen. Anschließer durch ein Passiertu oder ein feines Si gießen.
4. Für die Klößchen d Petersilienwurzeln schälen, in Salzwass garen und püriere Mit dem Ei, der g hackten Petersilie u etwas Vollkornmehl z einem glatten Teig ve arbeiten.
5. Von der Mas Klößchen absteche und in sanft siedende Salzwasser garziehe lassen.
6. Die Tomaten abzi hen, entkernen und i Würfel schneiden. D ausgelösten Shrimps i geklärter Butter br ten oder aber pochi ren.
7. Die Tomatenwürfe Klöße und Shrimps a vorgewärmte Telle verteilen und die si dendheiße Brühe da überschöpfen. Mit P tersilienblättern ga nieren.

RINDER-KRAFTBRÜHE MIT MARKSOUFFLÉ
(FÜR 6-8 PERSONEN)

KRAFTBRÜHE
1 kg Rinderknochen
2 Beinscheiben
2 kg Rinderbrust
1 große Zwiebel
1 Sellerieknolle
5 Möhren
2 Stangen Lauch
2 Zweige Liebstöckel
Salz, Pfeffer
Lorbeerblatt
400 g Gemüseperlen (mit einem Ausstecher aus Möhren, Sellerieknolle, Kohlrabi und Zucchini ausgestochen)

SOUFFLÉS:
4 Markknochen
1 Bund gehackte Petersilie
Vollkornpaniermehl
Salz, Pfeffer, Muskat
2 Eiweiß
4 EL geriebener Parmesan
Butter für die Formen

1. Fleisch und Knochen in einem großen Topf mit kaltem Wasser bedeckt aufsetzen.
2. Die Zwiebel halbieren und die Schnittfläche auf der heißen Herdplatte bräunen.
3. Wenn das Wasser kocht, den aufgestiegenen Schaum abschöpfen, die Zwiebel, das geputzte und kleingewürfelte Gemüse und die Gewürze zugeben. Ohne Deckel 3 bis 4 Stunden köcheln lassen.
4. Die Brühe durch ein Sieb geben.
5. Die Gemüseperlen in Salzwasser blanchieren und abschrecken.
6. Für die Soufflés das Knochenmark auslassen und durch ein Sieb streichen; abkühlen lassen. Mit Petersilie und einigen Eßlöffeln Paniermehl verkneten, mit Salz, Pfeffer und Muskat kräftig abschmecken.
7. Das steifgeschlagene Eiweiß unter die Markmasse heben und die Mischung in gebutterte Timbaleförmchen füllen; mit Parmesan bestreuen und im flachen Wasserbad im 180 Grad heißen Ofen 15 bis 20 Minuten garen.
8. Die Soufflés sofort auf vorgewärmte Teller stürzen, mit den Gemüseperlen umgeben; darüber die siedendheiße Brühe schöpfen.

... der Klaren

KLARE FISCHSUPPE MIT AUSTERN
(FÜR 6 PERSONEN)

3 kg Bouillabaissefische (Rotbarsch, Knurrhahn, Drachenkopf, Seehecht)
8 EL Olivenöl
je 100 g Lauch
Möhren
Sellerie
Lauchzwiebeln
Fenchel
½ l Weißwein
30 Austern
1 Sträußchen Dill
Salz
Pfeffer
4 Eiweiß
6 kleine Tomaten
1 Bund Basilikum
250 g Alfalfasprossen

1. Die Fische putzen, waschen, in Stücke schneiden und in einem großen Suppentopf im Olivenöl anschwitzen.
2. Das geputzte Gemüse dazugeben; ebenfalls anschwitzen. Mit dem Wein, dem Wasser der ausgelösten Austern und 1 Liter Wasser ablöschen. Dill zugeben, würzen, 1 Stunde köcheln lassen; passieren und auskühlen lassen.
3. Zum Klären das Eiweiß verquirlen und in die Fischbrühe geben. Bei mittlerer Hitze unter Rühren aufkochen, 2 Minuten ziehen lassen (nicht mehr rühren) und durch ein Passiertuch oder ein sehr feines Sieb gießen.
4. Die Tomaten häuten, entkernen und in Streifen schneiden.
5. Tomatenstreifen, Alfalfasprossen, das in Streifen geschnittene Basilikum und die Austern auf Teller verteilen und die heiße Fischconsommé darüberschöpfen.

Der Hummer im Topf

Das Filet am Faden

◄ FOTO S. 98-99

POT-AU-FEU VOM HUMMER
(FÜR 4 PERSONEN)

EINLAGE:
2 Hummer
von ca. 600 g
Lorbeerblatt
einige Pfefferkörner
je 100 g Lauch,
Sellerie und Möhren,
geputzt und in Rauten
geschnitten

FOND:
2 kleingesägte
Hummerkarkassen
50 ml Olivenöl
1 kg Röstgemüse
(Lauch, Sellerie,
Möhren, Lauch-
zwiebeln)
½ l Weißwein
2 Petersilienstengel
10 zerdrückte Pfeffer-
körner
1 Lorbeerblatt
1 TL Salz
2 Eiweiß

1. Die Hummer in reichlich siedendes Salzwasser, dem Lorbeerblatt und Pfefferkörner beigegeben wurde, legen und aufkochen lassen. Den Topf vom Herd nehmen und die Hummer noch 8-10 Minuten ziehen lassen. Anschließend ausbrechen und das Schwanzfleisch in Scheiben schneiden.

2. Die zerteilten Hummerkarkassen unter Rühren im Olivenöl anrösten. Das geputzte und gewürfelte Gemüse dazugeben; ebenfalls anrösten. Mit dem Weißwein und 1 Liter Wasser ablöschen. Die Gewürze zugeben, aufkochen und 1 Stunde ohne Deckel sanft ziehen lassen – bei Bedarf etwas Wasser ergänzen.

3. Die Brühe abseihen, erkalten lassen und eventuell das Fett abschöpfen.

4. Zum Klären das leicht verquirlte Eiweiß in die Brühe einrühren. Bei mittlerer Hitze unter häufigem Rühren zum Kochen bringen. Zwei Minuten ohne weiteres Rühren ziehen lassen, dann abseihen.

5. Die Gemüserauten für die Einlage kurz in Salzwasser blanchieren.

6. Die Hummerstücke und das für die Einlage vorbereitete Gemüse auf vorgewärmte Teller verteilen und die kochendheiße Brühe darüberschöpfen.

KRAFTBRÜHE MIT GESOTTENEM RINDERFILET
(FÜR 6 PERSONEN)

3 l kräftige Klare
Rinderbrühe s. S.97

GEMÜSEEINLAGE:
je 100 g Blumenkohl,
Lauch, Möhren,
Knollen- und Stauden-
sellerie, Perlzwiebeln,
Cocktailtomaten,
ausgepalte Erbsen,
Zucchini und Kohlrabi
600 g schieres
Rinderfilet
Salz
Pfeffer
geklärte Butter zum
Anbraten.

1. Blumenkohl in Röschen teilen; Lauch in Streifen, Möhren, Staudensellerie und Zucchini in Scheiben, Knollensellerie und Kohlrabi in Würfel schneiden; die Zwiebelchen schälen und die Tomaten abziehen.
2. Die Gemüse nacheinander nach Stärke sortiert in der Rinderbrühe blanchieren, herausnehmen und warmstellen.
3. Das Rinderfilet würzen und in geklärter Butter rundum anbraten; dann mit Küchengarn verschnüren und so unter einen Kochlöffel hängen, daß das Fleisch ganz in die Brühe eintauchen kann, ohne Wand oder Boden des Topfes zu berühren.
4. Das Filet 25 bis 30 Minuten in der Brühe pochieren.
5. Das Gemüse in der Bouillon erhitzen. – Inzwischen das Filet in dünne Scheiben schneiden.
6. Die Suppe auf vorgewärmte tiefe Teller verteilen und das Fleisch dazu anrichten.

KLARE TOMATENSUPPE MIT ALGEN
(FÜR 2 PERSONEN)

2 kg vollreife weiche Tomaten
1 Bund Basilikum
1 Schalotte
Salz
Pfeffer
1 Prise Zucker

FÜR DIE EINLAGE:
1 Hummer von 500 g
50 g geputzte Salicorne-Algen
1 Fleischtomate, abgezogen, entkernt und gewürfelt

1. Tomaten und Basilikum waschen. Die Schalotte häuten. Die Tomaten kleinschneiden.
2. Vorbereitete Gemüse und Kräuter mit Salz, Pfeffer sowie Zucker im Mixer pürieren und durch ein Sieb geben.
3. Das Tomatenpüree durch ein Passiertuch (oder eine zweifach gelegte Baumwollwindel) abtropfen lassen – das dauert ca. 2 Stunden. Ein klarer Saft läuft heraus.
4. Reichlich Salzwasser zum Kochen bringen, den Hummer hineingeben, aufkochen lassen, vom Herd nehmen und 8-10 Minuten ziehen lassen.
5. Den Hummer ausbrechen und das Schwanzfleisch in Scheiben schneiden. Hummerfleisch, Algen und Tomatenwürfel auf Tellern anrichten.
6. Die klare Tomatensuppe aufkochen und über die Einlage schöpfen.

Tip: Die Suppe bekommt durch 2 EL Noilly Prat einen besonderen Pfiff.

EINTOPF VON ENTE UND WILDEM REIS
(FÜR 6 PERSONEN)

1 große Ente (2,5 kg)
Pflanzenöl zum Anrösten
2 Stangen Lauch
6 große Möhren
1 Sellerieknolle
1 Bund Lauchzwiebeln
1 Bund Petersilienwurzeln mit Grün
½ l Weißwein
1 l Geflügelbrühe
Majoran
Lorbeerblatt
Pfeffer, Salz
4 Eiweiß

300 g Wildreis
600 ml Geflügelbrühe

EINLAGE:
600 g Rote Beten
300 g Sellerieknolle
300 g Möhren
1 Stange Lauch

Die Ente, die Rote und der Wilde

1. Keulen und Brust der Ente ablösen; die übrigbleibende Karkasse zerhacken und in Öl anrösten. Das Gemüse putzen (Wurzelgemüse nicht schälen), waschen, kleinschneiden und ebenfalls mit anrösten.
2. Mit Wein und der Brühe ablöschen. Die Gewürze und die Entenkeulen dazugeben und eine halbe Stunde garen.
3. Die Keulen herausnehmen, das Fleisch auslösen, die Knochen in den Topf zurückgeben und weitere 30 Minuten köcheln lassen.
4. Die Brühe abseihen, erkalten lassen und entfetten.
5. Zum Klären das leicht verquirlte Eiweiß in die Brühe geben, zum Kochen bringen und 2 Minuten ziehen lassen. Abseihen.
6. Den Wildreis in der Brühe garen (Schnellkochtopf: 20 Minuten). Das Gemüse für die Einlage putzen, waschen und in Streifen schneiden; getrennt in Salzwasser blanchieren.
7. Das kleingeschnittene Keulenfleisch sowie das Gemüse in der geklärten Brühe erhitzen.
8. Die Entenbrust salzen, pfeffern und in Entenfett rosa braten. Die Brusthaut ablösen, in Streifen schneiden und weiterbraten, bis sie knusprig ist.
9. Das Brustfleisch in dünne Scheiben schneiden und in den Eintopf geben. Auf vorgewärmten tiefen Tellern anrichten und mit der krossen Entenhaut bestreuen.

Variationen: Diesen Eintopf kann man auch von der Gans zubereiten. Dann müssen die Keulen 1 Stunde mitgekocht werden. Anstelle von Wildreis ist auch Naturreis verwendbar.

LATTICHCREME MIT LACHS-KLÖSSCHEN UND SPROSSEN

(FÜR 6 PERSONEN)

3 kleine Kartoffeln
2 Köpfe Lattich (Kopfsalat)
1 Bund Lauchzwiebeln
2 EL Butter
1 ½ l Geflügelbrühe
½ l Sahne
Salz
Pfeffer
200 g Alfalfasprossen
1 EL Butter

LACHSKLÖSSCHEN:

300 g Lachsfilet
1 Eiweiß
¼ l Sahne
Salz
Pfeffer

Grüner Lattich, frischer Lachs, knackige Sprossen, eine Kartoffel für die Sämigkeit. Daraus wird eine originelle und leckere Suppe.

Den Fisch filieren und von der Haut lösen, anschließend in Würfel schneiden und mit der Sahne mischen.

Wegen der Erwärmung durch die schnelldrehenden Messer werden die Zutaten für die Fischfarce vorher im Tiefkühler gefrostet.

1. Die Kartoffeln schälen, in dünne Stäbchen schneiden und ca. 3-5 Minuten in Salzwasser blanchieren.
2. Den Lattich putzen, waschen und in Streifen schneiden; ein Viertel als Einlage zurückbehalten. Die Lauchzwiebeln putzen und in Ringe schneiden.
3. Lattich und Lauchzwiebeln in der Butter anschwitzen, mit Brühe und Sahne ablöschen und eine halbe Stunde köcheln lassen. Anschließend im Mixer pürieren, durch ein Sieb passieren und abschmecken.
4. Für die Klößchen den Lachs in Würfel schneiden, mit Eiweiß, Sahne, Salz und Pfeffer mischen; eine Stunde tiefkühlen.
5. Die Lachsmischung in der Messermühle zur Farce verarbeiten. Kühlen und durch ein Sieb streichen.
6. Mit einem Teelöffel Klößchen abstechen und in sanft siedendem Salzwasser pochieren. Die Klößchen sind gar, wenn sie an die Oberfläche steigen.
7. Den zurückgelegten Lattich, die Kartoffelstäbchen und die Sprossen in der Butter anschwitzen, auf vorgewärmte Teller verteilen und die heiße Suppe darüberschöpfen.

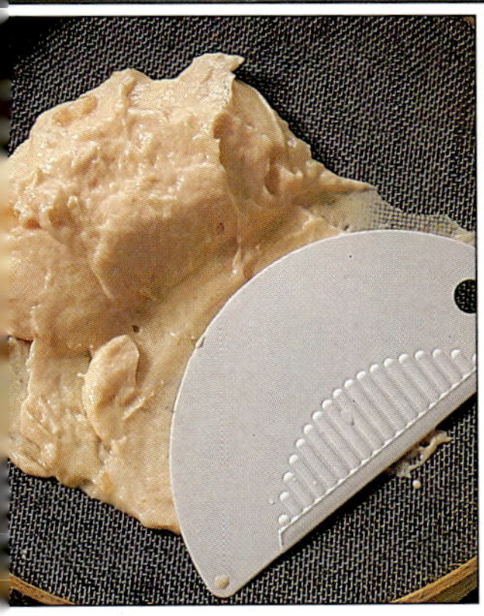

Um Gräten- und Hautreste zu entfernen, streicht man die Lachsfarce durch ein feines Sieb.

Mit einem Löffel, den man zwischendurch in heißes Wasser taucht, Klößchen abstechen.

In schwach siedendem Salzwasser oder Fischfond werden die Klößchen pochiert. Sie sind gar, wenn sie an die Oberfläche steigen.

Die Kleinen mit der weißen Seele

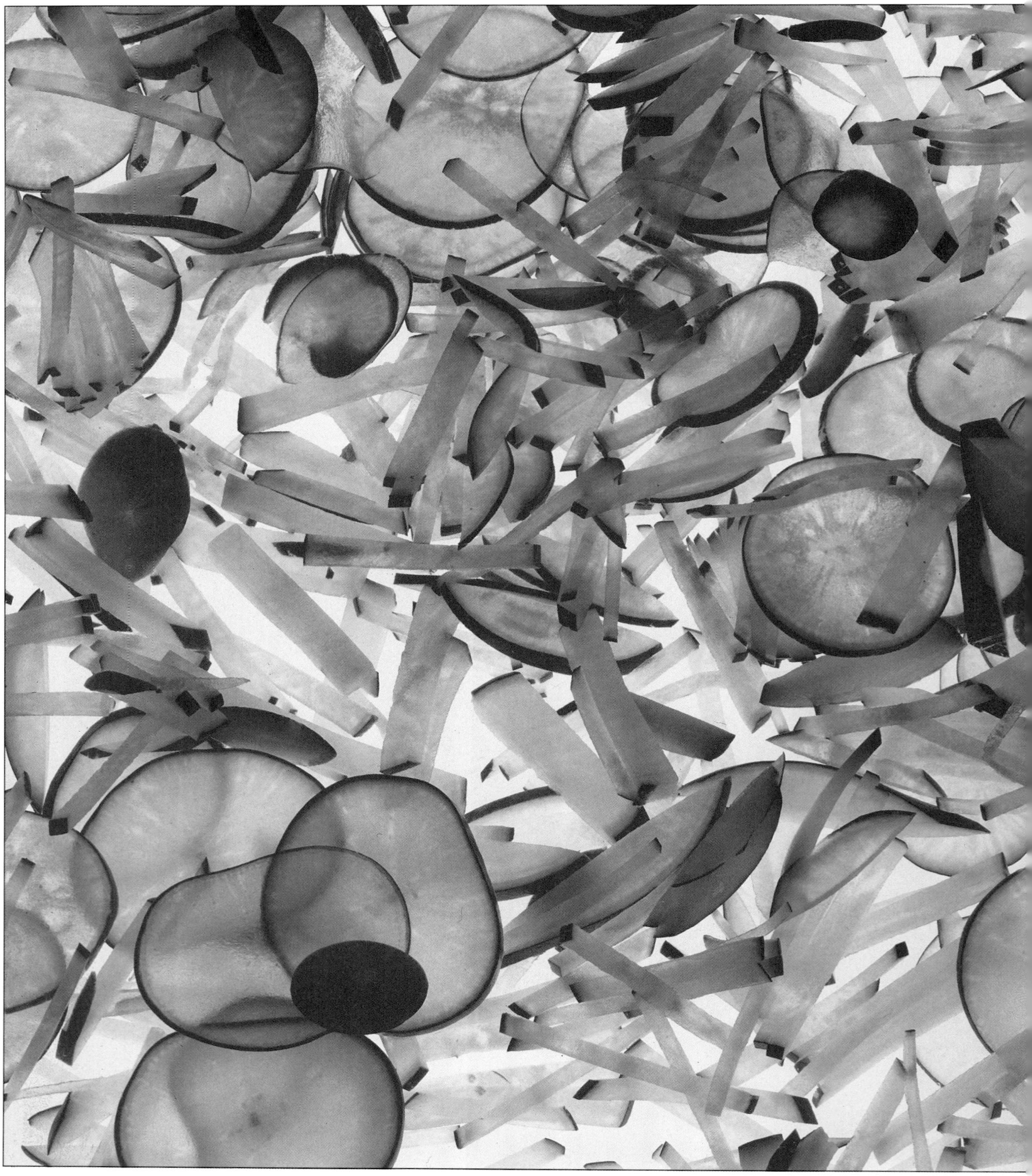

RADIESCHEN-SUPPE
(FÜR 2 PERSONEN)

2 Bund Radieschen mit Grün
1 Stange Lauch
1 EL Butter
½ l Kalbs- oder Geflügelbrühe
Salz
Pfeffer
50 g Crème fraîche
50 g Radieschensprossen

1. Sechs Radieschen putzen, waschen, in Stifte schneiden und kurz in Salzwasser blanchieren; abschrekken und als Einlage beiseite stellen.
2. Die restlichen Radieschen samt Grün sowie den Lauch waschen, kleinschneiden und in Butter anschwitzen.
3. Mit heißer Brühe ablöschen und 5 Minuten stark kochen lassen. Mit dem Mixstab pürieren, durch ein Sieb streichen und abschmecken. Noch einmal erhitzen und in tiefen Tellern anrichten.
4. Crème fraîche und die Radieschensprossen in die Tellermitte geben. Die Suppe mit den Radieschenstiften bestreuen.

Radieschen samt ihrem Grün und Lauch sind die Zutaten für eine ungewöhnliche Suppe.

Das vorbereitete Gemüse wird zunächst in etwas Butter angeschwitzt.

Mit Kalbsbrühe abgelöscht, werden die Gemüse 5 Minuten bei starker Hitze gekocht.

Das Pürieren besorgt man mit dem Elektro-Mixstab.

Anschließend wird das Püree durch ein stabiles Sieb getrieben.

Mit einem Löffel Crème fraîche, den Sprossen und Radieschenstiften servieren.

MUSCHELSUPPE
(FÜR 4 PERSONEN)

1 kg Spargel
(wahlweise grün
oder weiß)
1 Bund Lauchzwiebeln
mit Grün
1 Stange Lauch
2 Möhren
1 kleine Selleriestaude
2 EL geklärte Butter
¼ l trockener
Weißwein
2 kg gemischte
Muscheln (Mies-, Herz-
und Venusmuscheln)
¼ l Sahne
250 g Crème fraîche
4 EL Noilly Prat
2 EL Pastis
Salz
Pfeffer
50 g Graupen
4 EL geschlagene
Sahne

1. Die Spargelköpfe abschneiden, schälen, blanchieren und beiseite stellen. Den Rest des Spargels ebenso wie das übrige Gemüse putzen, waschen, kleinschneiden und in der geklärten Butter anschwitzen; mit dem Weißwein ablöschen und mit Wasser auffüllen, bis das Gemüse ganz bedeckt ist.
2. Die gewaschenen, verlesenen Muscheln in die Gemüsebrühe geben und kochen, bis sie sich geöffnet haben.
3. Die Muscheln herausnehmen und auslösen. Zwei Drittel des Muschelfleisches in die Brühe zurückgeben. Sahne, Crème fraîche, Noilly Prat und Pastis zufügen und mit Salz und Pfeffer würzen.
4. Die Suppe noch einmal aufkochen, im Mixer pürieren und durch ein Sieb streichen.
5. Die Graupen in Salzwasser oder Brühe garen.
6. Die Graupen, Spargelspitzen und Muscheln auf vorgewärmte Teller verteilen. Die Suppe noch einmal aufkochen und abschmecken; die geschlagene Sahne mit dem Mixstab einarbeiten und die Suppe über die Einlage schöpfen.

Schalentiere und junge Triebe

KALTE GURKENSUPPE
(FÜR 6 PERSONEN)

1 große Salatgurke
1 Bund Dill
1 l Buttermilch
Salz
Pfeffer
Muskat

ALS EINLAGE:
½ Salatgurke, feingewürfelt oder gestiftelt

KLÖSSCHEN:
250 g Magerquark
2 Eigelb
100 g Weizen-Vollkornmehl
Salz, Pfeffer
Dillsträußchen zur Garnitur

1. Die Gurke waschen und ungeschält kleinschneiden; mit dem Dill und der Buttermilch im Mixer pürieren; mit Salz, Pfeffer und Muskat abschmekken (nicht passieren!). Kaltstellen.

2. Für die Klößchen den gut abgetropften Quark mit Eigelb und Mehl zu einem Teig verarbeiten, salzen, pfeffern und eine halbe Stunde ruhen lassen.

3. Mit zwei Teelöffeln, die man zwischendurch in heißes Wasser taucht, Klößchen abstechen und ca. 8 Minuten in Salzwasser pochieren.

4. Die Gurkenwürfel oder -stifte auf Teller verteilen, die gut gekühlte Suppe darüberschöpfen und mit Klößchen sowie Dillsträußchen garnieren.

GRÜNKERN-SCHAUMSUPPE
(FÜR 4 PERSONEN)

200 g Grünkern
1 Bund Lauchzwiebeln
50 g Butter
1 l Geflügelbrühe
¼ l Sahne
200 g geschlagene Sahne
50 g gehackte Kräuter nach Gusto und Jahreszeit

1. Den Grünkern über Nacht einweichen und ca. 10 Minuten im Schnellkochtopf garen.
2. Die Lauchzwiebeln putzen, in Ringe schneiden und in der Butter anschwitzen. Drei Viertel des Grünkerns dazugeben und ebenfalls anschwitzen.
3. Mit Brühe und flüssiger Sahne ablöschen; 15 Minuten köcheln.
4. Die Suppe im Mixer pürieren und durch ein Sieb streichen.
5. Den restlichen Grünkern kurz in etwas Brühe oder Salzwasser erhitzen.
6. Mit dem Stabmixer die geschlagene Sahne in die Suppe einarbeiten; den abgetropften Grünkern dazugeben.
7. Die Suppe auf vorgewärmten Tellern anrichten und mit den Kräutern bestreuen.

SUPPE VON FRÜHLINGS-KAROTTEN
(FÜR 4 PERSONEN)

4 Bund Karotten mit Grün
1 Bund Lauchzwiebeln mit Grün
2 EL Butter
1 ½ l Rinderbrühe
1 große Kartoffel
Salz
Pfeffer

EINLAGE:
1 Bund Karotten, tourniert und blanchiert

1. Die Karotten putzen und waschen, die Hälfte des Grüns aufheben; die Lauchzwiebeln putzen, waschen und in Ringe schneiden; die Karotten kleinschneiden.
2. Karotten und Lauchzwiebeln in der Butter anschwitzen und mit der Brühe ablöschen.
3. Die Kartoffel schälen, in Würfel schneiden und dazugeben. Köcheln, bis das Gemüse weich ist.
4. Das Ganze mit dem verwahrten Karottengrün im Mixer pürieren, durch ein Sieb streichen und abschmecken.
5. Die Suppe in vorgewärmten Tellern anrichten und mit den tournierten Karotten, an denen man den Ansatz des Grüns belassen hat, garnieren.

RAHMSUPPE VON LAUCHZWIEBELN
(FÜR 2 PERSONEN)

2 Bund Lauchzwiebeln
200 g kleine weiße Champignons
60 g Butter
½ l Geflügelbrühe
¼ l Sahne
Salz
weißer Pfeffer
50 g Perlzwiebeln, geschält und kurz blanchiert

1. Lauchzwiebeln putzen, waschen und in Ringe schneiden. Die Champignons putzen und nur falls nötig waschen.
2. Das Weiße der Lauchzwiebeln und die Hälfte der Champignons in 20 g Butter kurz anschwitzen, mit Geflügelbrühe und Sahne aufgießen und eine halbe Stunde köcheln lassen.
3. Die Suppe im Mixer pürieren, durch ein Sieb passieren und abschmecken.
4. Perlzwiebeln, das Grün der Lauchzwiebeln und die restlichen Champignons in 40 g Butter anschwitzen, würzen und auf Teller verteilen.
5. Die heiße Zwiebelrahmsuppe darüberschöpfen.

Grün in allen Schattierungen

SUPPE VON RATATOUILLE-GEMÜSE
(FÜR 8 PERSONEN)

2 rote und 2 grüne Paprikaschoten
4 Zucchini
2 Auberginen
2 Gemüsezwiebeln
6 Tomaten
2 Knoblauchzehen
6 EL Olivenöl
1 ½ l Rinderbrühe
Thymian
Rosmarin
Salz
Pfeffer
Thymianblüten für die Garnitur

1. Ein Viertel von allen geputzten Gemüsen, außer den Zwiebeln, für die Einlage in Würfel, Streifen oder Rauten schneiden und beiseite stellen.
2. Das restliche Gemüse, einschließlich der Zwiebeln, kleinschneiden und mit dem Knoblauch in 4 EL Olivenöl anschwitzen, bis es Farbe annimmt. Mit der Brühe ablöschen und mit Thymian, Rosmarin, Salz und Pfeffer würzen.
3. Eine halbe Stunde köcheln lassen, im Mixer pürieren und durch ein Sieb streichen.
4. Das für die Einlage aufbewahrte Gemüse (außer den Tomaten) in 2 EL Olivenöl anschwitzen.
5. Die Tomatenwürfel und das angeschwitzte Gemüse auf gewärmte Teller verteilen, die wieder erhitzte Suppe darüberschöpfen und mit Thymianblüten garnieren.

KALBSBRIESSUPPE MIT PILZEN
(FÜR 4 PERSONEN)

400 g Kalbsbries
1 Bund Lauchzwiebeln mit Grün
60 g Butter
¼ l Weißwein
1 EL Sherryessig
40 ml Sherry
¼ l Sahne
¾ l Rinderbrühe
300 g Steinpilze
Salz, Pfeffer
100 g Gänseleber
200 g geschlagene Sahne

GARNITUR:
Kerbel

1. Das Kalbsbries gut wässern. Dabei mehrfach das Wasser wechseln. Das Bries von Sehnen und Häuten befreien, abspülen, trockentupfen und in Würfel schneiden.
2. Die Lauchzwiebeln putzen, waschen und samt Grün kleinschneiden. Mit 300 g Bries in 20 g Butter anschwitzen.
3. Mit Weißwein, Essig und Sherry ablöschen. Bries herausnehmen.
4. Sahne und Rinderbrühe angießen und die Suppe ca. 20 Minuten köcheln lassen.
5. Die Steinpilze putzen und in Scheiben schneiden. Die rohe Gänseleber in Würfel schneiden.
6. Die Hälfte der Leber, das angeschwitzte Kalbsbries und die Suppe im Mixer pürieren, durch ein Sieb streichen und mit Salz und Pfeffer abschmekken.
7. Das restliche Bries sowie die verbliebene Gänseleber in 20 g Butter anschwitzen.
8. Die Steinpilze in der restlichen Butter anschwitzen.
9. Die Schlagsahne zu der heißen Suppe geben und mit dem Stabmixer schaumig schlagen.
10. Vorgewärmte tiefe Teller mit Bries, Gänseleber und Pilzen auslegen. Die Suppe darüberschöpfen. Mit einem Kerbelstrauß garnieren.

GRIESSUPPE MIT PILZEN
(FÜR 6 PERSONEN)

800 g Maronenpilze
1 Bund Lauchzwiebeln
5 EL Butter
1 ¼ l Geflügelbrühe
400 g Grieß
½ l Sahne
Salz
Pfeffer

1. Die Pilze putzen; ein Viertel davon mit den in Ringe geschnittenen Lauchzwiebeln in 2 EL Butter anschwitzen. Mit der Brühe ablöschen, den Grieß dazugeben und unter Rühren bei schwacher Hitze ausquellen lassen.
2. Die Sahne dazugeben. Die Suppe im Mixer pürieren, durch ein Sieb streichen und abschmecken.
3. Die restlichen Pilze in Butter anschwitzen, salzen und pfeffern, auf tiefe Teller verteilen und die heiße Suppe darüberschöpfen.

KRÄUTERSUPPE MIT WACHTELEI
(FÜR 2 PERSONEN)

½ l Rinderbrühe
¼ l Sahne
2 EL Sherry
8 Wachteleier
Essig
100 g gemischte Kräuter nach Geschmack und Jahreszeit, z. B. Petersilie, Kerbel, Schnittlauch, Basilikum, Kresse, Pimpinelle, Sauerampfer, Estragon
100 g geschlagene Sahne

1. Brühe, Sahne und Sherry aufkochen und um ein Drittel reduzieren.
2. Die Wachteleier nacheinander in einen Löffel aufschlagen und zum Pochieren in schwach siedendes Essigwasser gleiten lassen (Pochierdauer ca. 2 Minuten).
3. Die Kräuter waschen, hacken und in die reduzierte Brühe geben. 3-4 Minuten kochen. Die geschlagene Sahne zufügen und die Suppe mit dem Mixstab schaumig aufschlagen.
4. Die Suppe in vorgewärmte Teller füllen und mit den pochierten Eiern sowie einigen Kräuterblättchen garnieren.

APFEL-CURRY-RAHMSUPPE MIT HÜHNERLEBER
(FÜR 4 PERSONEN)

1 Bund Lauchzwiebeln
4 säuerliche Äpfel
50 g frische Ingwerwurzel
25 g Butter
2-3 EL mildes Currypulver
1 l Geflügelbrühe
¼ l Sahne
Salz
Pfeffer
Muskat
Zitronensaft

EINLAGE:
200 g ausgestochene Apfelperlen
Zitronensaft
200 g Hühnerleber
Butter zum Braten
Salz
Pfeffer

1. Lauchzwiebeln putzen, waschen und in Ringe schneiden; Äpfel schälen, entkernen und kleinschneiden; Ingwer schälen und reiben.
2. Lauchzwiebeln in der Butter anschwitzen; Äpfel und Ingwer dazugeben, mit Curry bestäuben, mit Geflügelbrühe und Sahne ablöschen und köcheln, bis die Äpfel weich sind. Mit Salz, Pfeffer, Muskat und Zitronensaft abschmecken.
3. Die Apfelperlen mit Zitronensaft beträufeln, damit sie nicht braun werden.
4. Die Suppe im Mixer pürieren und durch ein Sieb streichen.
5. Die Leber von Sehnen und Häuten befreien, in Streifen schneiden, rasch in Butter braten und würzen.
6. Die Apfelperlen auf vorgewärmte Teller verteilen, die wieder erhitzte Suppe darüberschöpfen und mit den Leberstreifen anrichten.

CURRYSUPPE MIT SCAMPI
(FÜR 8 PERSONEN)

1 Bund Lauchzwiebeln
20 g Butter
1 säuerlicher Apfel, gewürfelt
1 Banane in Scheiben
200 g Ananas, gewürfelt
Currypulver
2 l Geflügelfond
500 g Crème fraîche
Salz
Pfeffer
Zitronensaft
¼ l geschlagene Sahne

EINLAGE:
300 g Lauch
Salz
200 g Ananas, gewürfelt
200 g ausgestochene Apfelperlen
⅛ l Geflügelfond
18 Scampi
geklärte Butter zum Braten

1. Die Lauchzwiebeln putzen, waschen, in Ringe schneiden und in der zerlassenen Butter anschwitzen.
2. Das Obst zugeben und nach Geschmack mit Curry bestreuen. Kurz mitschwitzen.
3. Mit Geflügelfond und Crème fraîche ablöschen. Ca. 15 Minuten köcheln lassen.
4. Die Suppe mit Salz, Pfeffer und Zitronensaft abschmecken. Anschließend im Mixer pürieren.
5. Die pürierte Suppe durch ein Sieb streichen, die Schlagsahne zugeben und alles mit dem Stabmixer aufschlagen.
6. Für die Einlage den geputzten und gewaschenen Lauch in sehr schmale Streifen schneiden. Kurz in Salzwasser blanchieren.
7. Ananaswürfel und Apfelperlen in dem Geflügelfond erwärmen.
8. Die Scampi aus der Schale brechen, den Darm entfernen und das Fleisch in geklärter Butter braten.
9. Zum Servieren tiefe Teller mit Lauch, Ananas und Apfelperlen auslegen. Die Scampi am dicken Ende ca. 4 Zentimeter tief einschneiden. Jeweils 3 Scampi aufrecht in die Teller stellen und vorsichtig die aufgeschlagene, heiße Suppe einfüllen.

FENCHEL-RAHMSUPPE
(FÜR 8 PERSONEN)

1 kg Fenchel
1 Bund Lauchzwiebeln
2 kleine Kartoffeln
50 g Butter
2 l Rinderbrühe
½ l flüssige Sahne
Salz
Pfeffer
¼ l geschlagene Sahne

GARNITUR:
Fenchelgrün

1. Den Fenchel putzen, waschen, halbieren und in Würfel schneiden.
2. Die Lauchzwiebeln putzen, waschen und kleinschneiden. Die Kartoffeln schälen und würfeln.
3. Die Butter zerlassen und Fenchel sowie Lauchzwiebeln darin anschwitzen.
4. Mit Brühe und der flüssigen Sahne ablöschen; die Kartoffelwürfel zugeben und so lange kochen, bis die Kartoffeln weich sind.
5. Die Suppe im Mixer pürieren und mit Salz sowie Pfeffer abschmecken.
6. Die Schlagsahne zugeben und die Fenchelsuppe mit dem Stabmixer aufschlagen. Mit grobgehacktem Fenchelgrün angerichtet servieren.

Tip: Ist die Suppe als Hauptgericht gedacht, werden als Einlage rohe Fenchelwürfel in geklärter Butter angeschwitzt.

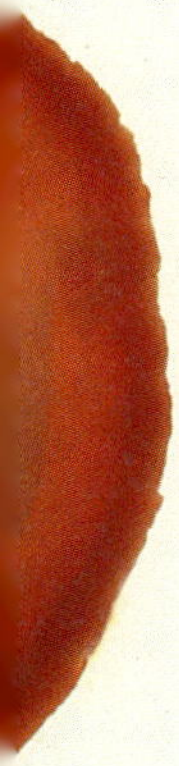

Hauptgerichte: Hier ist weniger mehr

Geflügel, Fisch und Fleisch haben ihren festen Platz in der Wohlfühlküche. Die Portionen sind zwar kleiner, aber aus feinsten Produkten mit viel Raffinesse zubereitet.

Taubenbrust im Piroggenteig mit einer Sauce von Trompetenpilzen. Rezept auf Seite 118.

FLEISCH UND WILD, GEFLÜGEL UND FISCH: DIE NEUEN BEILAGEN

Für viele ist noch immer das Schnitzel, das über den Teller lappt, der Gradmesser für die Qualität einer Küche. Aber auch viele Feinschmekker betrachten den Fleischgang als Höhe- und Mittelpunkt eines Menüs. Ernährungsphysiologisch betrachtet sind Fleisch und Fisch wertvolle Eisen- bzw. Jodlieferanten. In einer ausgewogenen Ernährung spielen sie eine wichtige Rolle – es kommt aber auf die Menge an. Auch für Leistungssportler ist das tägliche Steak kein Thema mehr.

Drei- bis viermal Fleisch in der Woche sind genug, ein- bis zweimal Seefisch sind empfehlenswert. Während eine Fischportion als Teil eines Tellergerichts 200 Gramm wiegen darf, sollte die Fleischration 120 bis 150 Gramm nicht überschreiten. Eine ausgewogene Ernährung verlangt mehr pflanzliche, weniger tierische Lebensmittel als die meisten von uns heute noch konsumieren. Herz und Kreislauf, Fitneß und Figur profitieren davon, wenn man sich nach diesen Erkenntnissen richtet.

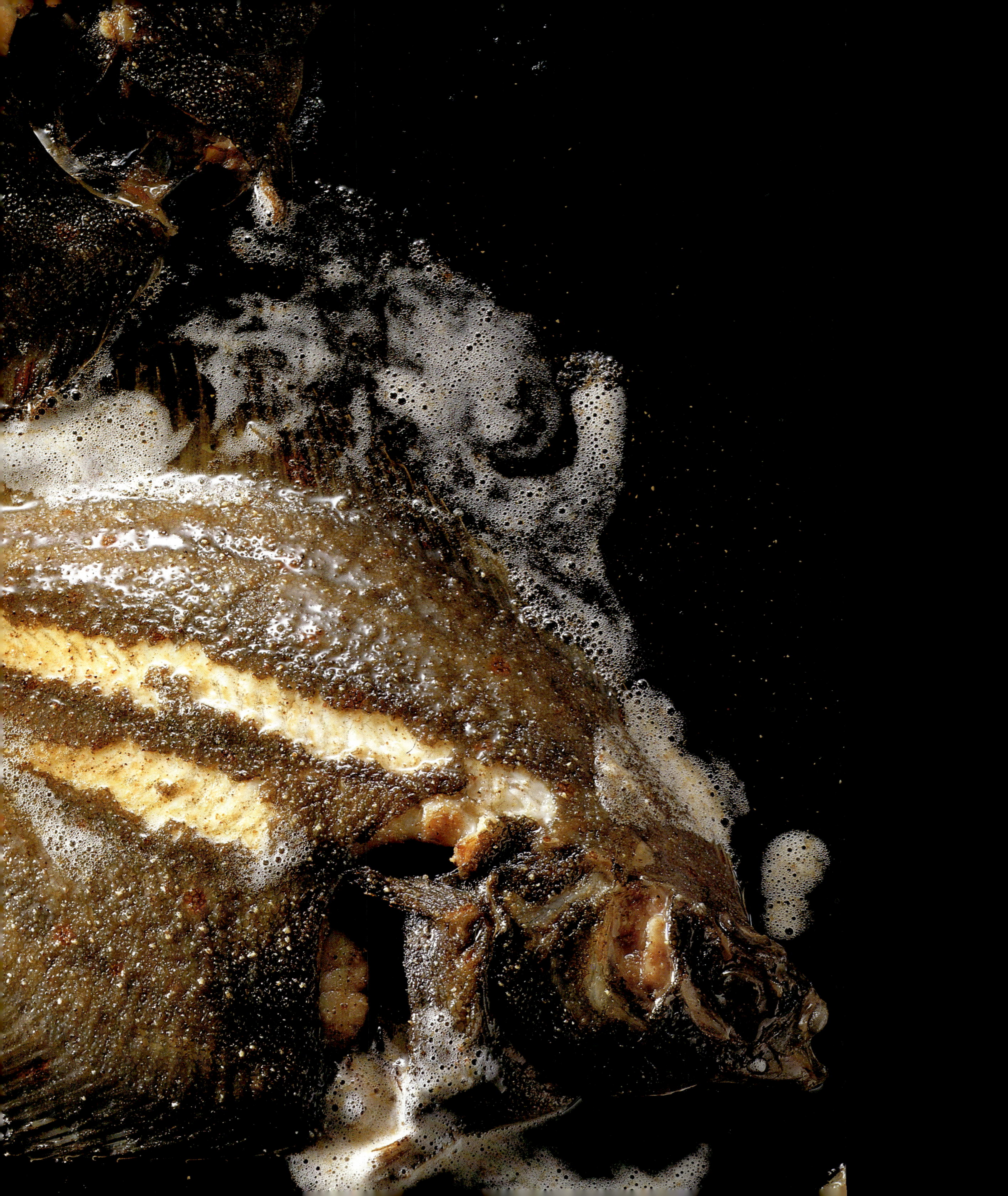

◀ FOTO S. 116-117

MAISCHOLLEN MIT WALDMEISTERSAUCE

(FÜR 4 PERSONEN)

4 Schollen
Salz
Pfeffer
geklärte Butter zum Braten

SAUCE:

½ l Fischfond (s. S. 151)
¼ l Sahne
4 EL Noilly Prat
Saft von ½ Zitrone
einige Stiele Waldmeister
3 EL geschlagene Sahne

1. Die vom Händler pfannenfertig vorbereiteten Schollen würzen und in geklärter Butter auf jeder Seite 3 bis 4 Minuten braten.
2. Für die Sauce Fischfond, Sahne, Noilly Prat und Zitronensaft um ein Drittel einkochen. Die abgezupften Waldmeisterblätter dazugeben und das Ganze im Mixer pürieren.
3. Die Sauce durch ein Sieb passieren, nochmals kurz erhitzen und mit dem Mixstab die geschlagene Sahne einarbeiten.
Zu den Maischollen paßt wunderbar das feinste Gemüse der Jahreszeit: Spargel.

Tip: Noch schneller geht die Zubereitung, wenn man Schollenfilets nimmt: salzen und pfeffern und 30 Sekunden pro Seite in geklärter Butter braten. Auf der Sauce anrichten.

FOTO S. 115

TAUBENBRUST IM PIROGGENTEIG

(FÜR 6 PERSONEN)

TEIG:

450 g feines Weizen-Vollkornmehl
1 Prise Salz
¾ TL Backpulver
125 g Butter in kleinen Würfeln
3 Eier
200 g saure Sahne oder Crème fraîche
Mehl zum Ausrollen

FÜLLUNG:

1 feingewürfelte Schalotte
300 g Austernpilze, geputzt und feingewürfelt
40 g Butter
Salz, Pfeffer
150 ml Sahne
100 g getrocknete Brotkrumen
6 große Wirsingblätter, blanchiert, die dicken Rippen flachgeschnitten

TAUBENBRUST:

3 küchenfertige Tauben
Salz, Pfeffer
geklärte Butter zum Braten

ZUM BESTREICHEN:

2 Eigelb
4 EL Sahne

TROMPETENPILZ-SAUCE:

100 g getrocknete Trompetenpilze, eingeweicht und abgetropft sowie das durchgesiebte Einweichwasser
1 feingewürfelte Schalotte
20 g Butter
½ l Geflügelfond
4 EL Portwein
2 EL Madeira
100 ml Rotwein
2 EL Balsamessig
50 g kalte Butter zum Binden

1. Aus den angegebenen Zutaten auf einer kühlen Fläche rasch einen Mürbeteig kneten, zur Kugel formen, in Folie wickeln und zwei Stunden kaltstellen.
2. Für die Füllung Schalotten und Austernpilze in der Butter anschwitzen, würzen, mit der Sahne ablöschen und etwas einkochen lassen. Dann soviel Brotkrumen dazugeben, daß die entstehende Masse zusammenhält.
3. Von den Tauben die Brüste auslösen und sauber parieren, salzen und pfeffern, in geklärter Butter ca. 1 Minute auf jeder Seite anbraten und abkühlen lassen.
4. Den Piroggenteig dünn ausrollen, in 6 Quadrate teilen und jedes Stück mit einem Wirsingblatt belegen.
5. Die Füllung auf die Wirsingblätter streichen, die Taubenbrusthälften darauflegen und im Kohl einrollen. Diese Päckchen in den Teig hüllen und die Nahtstellen zum Verschließen mit Wasser bestreichen.
6. Aus den Teigresten Streifen schneiden oder kleine Figuren ausstechen und die Piroggen damit verzieren. Eigelb und Sahne verquirlen und die Piroggen damit bepinseln.
7. Bei 200 Grad ca. 8 Minuten backen; anschließend bei voller Oberhitze oder unter dem Grill bräunen.
8. Für die Sauce einige schöne Trompetenpilze als Einlage verwahren; die übrigen mit der Schalotte in Butter anschwitzen, mit den Weinen und dem Essig ablöschen und um ein Drittel reduzieren.
Vor dem Servieren mit der in Würfel geschnittenen Butter binden.

Die Keulen der Tauben für ein anderes Gericht oder eine Farce verwenden, die Karkassen für Geflügelfond. Das Rezept läßt sich sehr gut mit anderen Fleischsorten variieren: Brüste von Ente, Poularde oder Perlhuhn, Kaninchenrücken oder Kalbsfilet; für die Füllung eignen sich auch andere Pilze, etwa Steinpilze oder Champignons (auch gemischt).

Unter die Haube gebracht:

GRATINIERTES ENTRECÔTE
(FÜR 4 PERSONEN)

KRUSTE:
100 g Shiitakepilze
40 g feingehackte Schalotten
20 g Butter
100 g Rindermark, ausgelöst und gewürfelt
Paniermehl
1 Eigelb
1 Bund Petersilie
Salz, Pfeffer

ENTRECÔTE:
600 g Entrecôte am Stück (flaches Roastbeef)
Salz, Pfeffer
Pflanzenöl zum Braten
grober Senf

1. Die Pilze putzen und feinhacken; die Schalotten in der Butter anschwitzen und die Pilze dazugeben. Das Mark auslassen und ebenfalls zugeben.
2. Paniermehl einstreuen, bis alles Fett aufgesogen ist. Eigelb und Petersilie untermengen, mit Salz und Pfeffer würzen.
3. Vom Entrecôte je nach Geschmack die Fettschicht entfernen. Das Stück salzen und pfeffern, in Öl rundum scharf anbraten und dann im Backofen bei 200 Grad 10 bis 15 Minuten garen (dabei einmal wenden).
4. Die Oberseite des Fleisches mit Senf bestreichen und mit der Krustenmasse bedekken.
5. Unter dem Grill oder im Ofen bei stärkster Oberhitze gratinieren, bis die Kruste gebräunt ist. Das Fleisch vor dem Anschneiden 10 Minuten ruhen lassen.
Mit Kartoffelplätzchen oder -gratin servieren. Als Saucen eignen sich Senfsauce, Schalottenbutter oder Pilzsaucen; als Gemüse Zucchini, grüne Bohnen, Erbsen, Möhren, Lauchzwiebeln oder Spargel.

Das Entrecôte

Schwarz-Weiß-Rot, zergeht auf der Zunge

BOHNEN MIT KALBSBRIES IN PORTWEIN-SAUCE
(FÜR 4 PERSONEN)

BOHNEN:
150 g schwarze Bohnen
150 g weiße Bohnen
1 l Gemüsebrühe
2 EL Butter
2 feingewürfelte Schalotten
Salz, Pfeffer

BRIES:
400 g Kalbsbries
Salz
geklärte Butter zum Braten

SAUCE:
2 feingewürfelte Schalotten
20 g Butter
¼ l Rotwein
⅛ l Portwein
1 EL Himbeeressig
Salz, Pfeffer
50 g kalte Butter in Würfeln

1. Die Bohnen über Nacht einweichen, dann in der Gemüsebrühe im Schnellkochtopf ca. 20 Minuten garen.
2. Die Butter zerlassen und die Schalotten sowie die abgetropften Bohnen darin anschwitzen. Würzen.
3. Das zuvor gut gewässerte und von Blutgerinnseln befreite Bries 5 Minuten in Salzwasser pochieren, abtropfen lassen und in Röschen teilen.
4. Für die Sauce die Schalotten in der Butter anschwitzen, mit Wein und Essig ablöschen, auf die Hälfte einkochen, abschmekken und mit der Butter binden.
5. Das Bries in geklärter Butter rundum anbraten, dann 5 Minuten im Backofen bei 200 Grad fertiggaren.
6. Die Bohnen mit der Sauce auf vorgewärmten Tellern anrichten und das Bries darauf verteilen.

FASAN AUF SAHNEÄPFELN
(FÜR 2 PERSONEN)

2 Fasanenbrüste
6 schwarze Pfefferkörner
3 Wacholderbeeren und 3 Pimentkörner, gemahlen oder im Mörser fein zerstoßen
Salz aus der Mühle
Pflanzenöl zum Braten
2 kleine Schalotten, feingewürfelt
4 säuerliche Äpfel (z. B. Boskop oder Cox Orange), geschält, entkernt und in Schnitze geteilt
3 EL Calvados
200 g Crème fraîche
4 EL feingehackte glatte Petersilie
Salz
Pfeffer aus der Mühle

1. Die Fasanenbrüste mit den Gewürzen und Salz einreiben, in Pflanzenöl in der Pfanne von beiden Seiten anbraten und dann im Backofen bei 200 Grad in 8 Minuten fertiggaren.
2. Das Fleisch warmstellen und in der Pfanne die Schalotten anschwitzen, die Äpfel zugeben und mit Calvados ablöschen. Die Crème fraîche zugeben, salzen, pfeffern und die Petersilie zufügen.
3. Die Äpfel auf vorgewärmten Tellern anrichten, die Fasanenbrüste darauflegen.
Als Beilagen Kartoffelpüree (auch getrüffelt) und Rotkohl servieren.

Tip: Das Rezept läßt sich auch mit Wildente oder Perlhuhn zubereiten.

KALBSFILET IN GORGONZOLASAUCE
(FÜR 6 PERSONEN)

6 Stücke Kalbsfilet
à 150 g
Salz
Pfeffer
Pflanzenöl zum Braten

SAUCE:
½ l Kalbsfond
200 ml Sahne
2 EL Sherryessig
4 EL Sherry (medium)
100 g Gorgonzola
4 EL geschlagene
Sahne

1. Das Fleisch würzen und in Öl rundum anbraten. Anschließend im auf 200 Grad vorgeheizten Backofen 6-8 Minuten fertiggaren. Vor dem Anschneiden 5 Minuten ruhen lassen.
2. Für die Sauce den Kalbsfond mit der Sahne, Sherryessig und Sherry aufkochen. Um ein Drittel reduzieren.
3. Den Käse würfeln, zugeben und mit dem Stabmixer unterarbeiten. Die Sauce durch ein Sieb streichen. Abschließend die geschlagene Sahne unterheben.
4. Das Kalbsfilet mit Vollkornnudeln und Pilzen servieren.

Tip: Für die Sauce eignen sich auch andere Blauschimmelkäse, z. B. ein milder Roquefort.

und zartes Filet

Ein Fisch so fein wie Hummer

Der teuflische Fisch wird auf einem Bett von Gemüse zur himmlischen Delikatesse. Rezept auf S. 126.

◀ FOTO S. 124-125

SEETEUFEL AUF RATATOUILLE
(FÜR 4 PERSONEN)

1 kg Seeteufel
am Stück
oder 600 g Filet
Salz, Pfeffer
geklärte Butter
zum Braten

RATATOUILLE:
je 100 g Auberginen,
Zucchini, rote Paprika
und Gemüsezwiebeln
3 EL Olivenöl
4 Tomaten, abgezogen,
entkernt und in Achtel
geschnitten
Salz
Pfeffer
Thymian

SAUCE:
300 ml Fischfond
300 ml Sahne oder
Crème fraîche
4 EL Noilly Prat
Zitronensaft
3 Zweiglein Thymian
3 EL geschlagene
Sahne

1. Den Seeteufel sorgfältig enthäuten, filieren, salzen und pfeffern.
2. Geputzte und gewaschene Auberginen, Zucchini, Paprika und Zwiebel in feine Streifen schneiden und im Olivenöl bei starker Hitze kurz schmoren. Mit Salz, Pfeffer und Thymian würzen. Zuletzt die Tomatenwürfel zugeben und kurz erwärmen.
3. Die Fischfilets im Ganzen in der Pfanne in geklärter Butter kurz anbraten und im Ofen bei 200 Grad 6 bis 8 Minuten fertiggaren.
4. Für die Sauce Fischfond, flüssige Sahne, Noilly Prat und Zitronensaft mit den Thymianzweigen aufkochen und um ein Drittel reduzieren. Den Thymian herausnehmen und die geschlagene Sahne unterziehen.
5. Zum Anrichten die Sauce als Spiegel auf vorgewärmte Teller gießen, das Gemüse darauf verteilen, den Fisch in Scheiben schneiden und auf dem Ratatouille anrichten.

Der Seeteufel hat nur eine Gräte, aber drei Häute. Vor der Zubereitung müssen noch die beiden inneren abgezogen werden, so daß das weiße Fleisch freiliegt.

Dann löst man die beiden Filetstränge von der Gräte. Sie lassen sich ganz einfach mit dem Messer vom Rückgrat heben.

Auberginen, Tomaten, Zucchini, Paprika, Zwiebeln und Thymian: Die Zutaten für das Ratatouille, die provençalische Gemüsemischung.

Der Seeteufel: Ganz ohne Schrecken

Das kleingeschnittene, pfannenfertige Gemüse. Auberginen, Zucchini und Paprika werden nicht geschält. Die feinen Streifen schmort man nur ganz kurz in Olivenöl.

Fischfond, trockener weißer Vermouth, Zitronensaft, Thymian und geschlagene Sahne: Während der Fisch im Ofen gart, bereitet man daraus die luftig-schaumige Sauce zu.

Nachdem die flüssigen Zutaten eingekocht wurden und man den Thymian herausgenommen hat, wird die Sauce mit geschlagener Sahne vollendet.

JAKOBSMUSCHELN IN MÖHRENSAUCE
(FÜR 2 PERSONEN)

GEMÜSEPERLEN:

150 g Möhren
Butter zum Anschwitzen
Salz
Pfeffer

SAUCE:

150 g Möhren
1 EL Butter
5 EL Sahne
Salz
Pfeffer
¼ l Fischfond
⅛ l Sahne
2 EL Zitronensaft
2 EL geschlagene Sahne

1. Möhren für die Möhrenperlen putzen und waschen. Mit einem Kugelausstecher kleine Perlen ausstechen und anschließend kurz blanchieren.
2. Das Möhrenpüree für die Sauce bereiten: Hierfür die geputzten Möhren in 1 EL Butter anschwitzen, mit 5 EL Sahne ablöschen, würzen und pürieren.
3. Für die Sauce Fischfond, Möhrenpüree, flüssige Sahne und Zitronensaft aufkochen; um ein Drittel reduzieren.
4. Die Sauce vom Herd nehmen und mit dem Stabmixer die geschlagene Sahne einarbeiten.
5. Die Jakobsmuscheln salzen, pfeffern und in geklärter Butter bei kleiner Hitze braten, bis sie eben fest geworden sind.
6. Gleichzeitig die blanchierten Gemüseperlen in Butter anschwitzen und würzen.
7. Die Sauce als Spiegel auf vorgewärmte Teller gießen, die Möhrenperlen einstreuen und die Jakobsmuscheln darauf anrichten.

Tip: Die Sauce bekommt durch Zugabe von 4 EL Noilly Prat einen besonderen Pfiff.

Ein Flügelpaar für zwei

Rochenflügel in einer sahnigen Kapernsauce warten auf ihre Entdeckung. Rezept auf S. 130.

◄ FOTO S. 128-129

ROCHENFLÜGEL IN KAPERNSAUCE
(FÜR 2 PERSONEN)

SAUCE:

¼ l Fischfond
¼ l Sahne
2 EL Zitronensaft
40 g Kapern
2 EL geschlagene Sahne

ROCHEN:

2 Filets vom Rochenflügel à 200 bis 300 g
Salz
Pfeffer
geklärte Butter zum Braten

1. Fischfond, Sahne und Zitronensaft mit der Hälfte der Kapern aufkochen und um ein Drittel reduzieren.
2. Die Saucenreduktion im Mixer aufschlagen, um die Kapern zu pürieren. Die Sauce durch ein Sieb streichen, nochmals kurz aufkochen und dann mit der Sahne schaumig schlagen.
3. Die Rochenfilets salzen, pfeffern und in geklärter Butter auf jeder Seite zwei Minuten vorsichtig braten.
4. Den Fisch auf vorgewärmten Tellern anrichten, mit der Sauce nappieren und mit den restlichen kurz erwärmten Kapern bestreuen.
Als Gemüsebeilage eignet sich Mangold besonders gut.

Ein Braten voller Überraschungen ►

GEFÜLLTE BRATEN

Die folgenden Füllungen eignen sich z. B. für Lammkeulen oder Schinkenstücke vom Schwein sowie für Kalbsbrust, -schulter oder -keule. Sagen Sie beim Kauf, daß Sie das Stück füllen wollen; der Metzger wird es Ihnen entbeinen oder die dafür nötige Tasche hineinschneiden.
Die Füllung wird dann in die entsprechende Höhlung gegeben und der Braten mit Küchengarn verschnürt oder zugenäht. In der Pfanne anbraten, dann im Ofen fertiggaren.

FÜLLUNG MIT PILZEN UND REIS
(FÜR EINEN BRATEN VON 1,5 KG, AUSREICHEND FÜR 6 PERSONEN)

je 10 getrocknete Steinpilze und Morcheln
30 g Naturreis
1 Karotte
1 kleine Zucchini
50 g frische Pilze nach Wahl
1 feingehackte Schalotte
20 g Butter
2 Eier
1 Bund Petersilie
1 Bund Thymian
Salz, Pfeffer

1. Die getrockneten Pilze einweichen. Anschließend in einem Sieb unter fließendem Wasser gut abspülen. Kleinschneiden.
2. Den Naturreis kochen bis er halb gar ist (10-15 Minuten).
3. Das Gemüse putzen, waschen und in Würfel schneiden. Die Pilze putzen und ebenfalls würfeln.
4. Die feingehackte Schalotte in der Butter anschwitzen. Gemüse und Pilze zugeben und so lange braten, bis alle Flüssigkeit verdampft ist. Abkühlen lassen.
5. Die Eier und die gehackten Kräuter unter die Füllung rühren. Mit Salz und Pfeffer abschmecken.

FÜLLUNG MIT SPINAT UND BROT
(FÜR EINEN BRATEN VON 1,5 KG, AUSREICHEND FÜR 6 PERSONEN)

400 g Spinat
200 g Vollkorntoast
50 g Butter
2 Schalotten
2 Knoblauchzehen
2 Bund Basilikum
3 Eier
3 EL Quark
100 g geriebener Parmesan
Salz, Pfeffer

1. Den geputzten und gewaschenen Spinat kurz blanchieren, abtropfen lassen und hakken.
2. Das Brot in 1 Zentimeter große Würfel schneiden und in der Butter rösten.
3. Schalotten und Knoblauchzehen schälen und feinhacken. Die Basilikumblätter abzupfen und in feine Streifen schneiden.
4. Alle Zutaten für die Füllung vermengen; mit Salz und Pfeffer abschmecken.

Schweinebraten, gefüllt mit Kartoffeln und Oliven

FÜLLUNG MIT KARTOFFELN UND OLIVEN

(FÜR EINEN BRATEN VON 1,5 KG, AUSREICHEND FÜR 6 PERSONEN)

250 g Pellkartoffeln
1 Bund Petersilie
20 Oliven
150 g Hackfleisch (Rind, Lamm)
½ EL Majoran
1 TL Tomatenmark
1 Eigelb
½ TL zerstoßene Korianderkörner
2 TL abgeriebene, unbehandelte Zitronenschale
Salz, Pfeffer
1 Eiweiß

1. Die Kartoffeln pellen und in kleine Würfel schneiden. Die Petersilie hacken. Die Oliven halbieren und entsteinen.
2. Für die Füllung alle Zutaten bis auf Salz, Pfeffer und Eiweiß gut vermengen.
3. Mit Salz und Pfeffer abschmecken.
4. Das Eiweiß zu Schnee schlagen und unter die Füllung ziehen.

SCHWEINEFLEISCH

Es ist in den letzten Jahren in Verruf geraten. Zu Recht, denn wässrige Schrumpfschnitzel und wenig Geschmack haben manchem Esser den Appetit verdorben. Sonderangebote mit immer niedrigeren Preisen und die große Nachfrage nach möglichst magerem Schweinefleisch führten zur Überzüchtung der Tiere und den extremen Formen der Massentierhaltung. Aber der Trend ändert sich: Man kann wieder hochwertiges Schweinefleisch kaufen, das an seiner kräftigen Farbe, dem etwas höheren Fettanteil und der festen Struktur zu erkennen ist. Wer eine verläßliche Quelle für solches Qualitätsfleisch hat und sicher ist, daß die Tiere artgerecht gehalten und lange genug richtig gefüttert wurden, der sollte zugreifen. Gutes Fleisch vom Schwein wird heute wieder in etlichen Fleischereien unter verschiedenen Markennamen angeboten — allerdings zu einem höheren Preis.

Keulen werden zur Delikatesse

ENTENRAGOUT SÜSS-SAUER IN CURRYSAUCE
(FÜR 4 PERSONEN)

4 Entenkeulen
1 l Geflügelfond
400 ml Sahne
100 ml Weißwein
4 EL Sherry
1 EL Sherryessig
30-100 g frisch geriebener Ingwer
2 TL Currypulver
1 kleine Ananas (500 g)
2 Bananen
300 g Sprossen nach Belieben
1 TL Pfeilwurzelmehl zum Binden

1. Die Entenkeulen im Geflügelfond pochieren, anschließend enthäuten, entbeinen und das Fleisch in mundgerechte Stücke schneiden.
2. Einen halben Liter vom Geflügelfond mit Sahne, Weißwein, Sherry sowie Essig aufkochen und um ein Drittel reduzieren.
3. Ingwer (Menge nach Geschmack), Currypulver, das Entenfleisch und die in zwei Zentimeter lange Stifte geschnittene Ananas in die Sauce geben und erhitzen; die Bananen und die Sprossen zufügen und ebenfalls kurz erwärmen.
4. Das Pfeilwurzelmehl mit etwas Wasser oder Weißwein anrühren und die Sauce damit binden.
Mit Vollkornreis oder wildem Reis servieren.

Anm.: Die hohe Ingwermenge bezieht sich auf eine milde Sorte. Bei der sehr scharfen Variante reicht ein Drittel bis die Hälfte. Die Maßangabe für das Currypulver ist ein Anhaltswert. Würzen Sie nach persönlichem Geschmack und der Schärfe des verwendeten Currys.

Die Hühnerbrusthälften werden nach Art des "Schmetterlingssteaks" geteilt und auseinandergeklappt, um ihre Fläche zu verdoppeln. Anschließend leicht klopfen.

Mangowürfel und Sprossen anschwitzen, mit Sahne ablöschen und köcheln, bis die Flüssigkeit fast verdampft ist. Koriander und Sesam zugeben. Abschmecken.

Körnerkost, die es in sich hat

HÜHNERBRUST MIT MANGO IN DER SESAMKRUSTE
(FÜR 2 PERSONEN)

2 Hühnerbrusthälften
Salz, Pfeffer
1 Bund frischer Koriander
1 kleine Mango
50 g Mungobohnensprossen
20 g geklärte Butter
100 g geröstete Sesamkörner
1/8 l Sahne
Currypulver

SAUCE:
1/4 l Geflügelfond
1/4 l Sahne
Currypulver
1 EL Sherryessig
2 EL geschlagene Sahne

1. Die Hühnerbrusthälften so einschneiden, daß sie an einer Längsseite noch zusammenhängen, auseinanderklappen und etwas flachklopfen. Die Stücke salzen und pfeffern und mit Korianderblättern belegen. Den Rest des Korianders hacken.
2. Die Mango schälen, entkernen und das Fleisch in Würfel schneiden (2 EL für die Sauce zurückbehalten). Mangofleisch und Sprossen in der geklärten Butter anschwitzen.
3. Mit der Sahne ablöschen und einkochen, bis alle sichtbare Flüssigkeit verdampft ist. 20 g gehackten Koriander und 20 g Sesamkörner untermischen, mit Salz, Pfeffer und Currypulver abschmecken.
4. Die Masse auf die Fleischscheiben verteilen. Diese aufrollen, dicht in starke Alufolie einwickeln und gut verschließen.
5. Die Rollen ca. 15 Minuten in sanft siedendem Wasser pochieren.
6. Für die Sauce Geflügelfond und Sahne mit den restlichen Mangowürfeln aufkochen; um ein Drittel reduzieren, im Mixer pürieren und durch ein Sieb geben. Mit Currypulver und Sherryessig abschmecken, nochmals erhitzen und mit dem Stabmixer die geschlagene Sahne einarbeiten.
7. Die pochierte Hühnerbrust aus der Folie nehmen und in den restlichen Sesamkörnern wälzen. Nach Belieben kann man den Sesam vorher mit gehacktem Koriander mischen.
8. Die gefüllte Hühnerbrust aufschneiden und auf Spinat oder Chinakohl anrichten. Die Sauce getrennt reichen.

Das vorbereitete Fleisch sorgfältig mit abgezupften Korianderblättern belegen. Darauf wird anschließend die Mangofüllung verteilt.

Das Ganze zusammenrollen, dicht in Alufolie einpacken und gut verschließen. Bis hierhin kann man das Gericht Stunden im voraus zubereiten.

Nach dem Pochieren werden die Rouladen in Sesam "paniert". Zum Anrichten schneidet man sie in Scheiben, um ihr buntes Innenleben zu offenbaren.

Ein Huhn von ganz besonderer Art

GEFÜLLTE PERLHUHNBRUST IN ESTRAGON-SAHNE

(FÜR 4 PERSONEN)

2 Perlhuhnbrüste

FÜLLUNG:

2 Perlhuhnkeulen
Salz
Pfeffer
1/8 l Sahne
2 EL Sherry
50 g geschlagene Sahne
100 g Alfalfasprossen
100 g Blattspinat

SAUCE:

400 ml Geflügelfond
200 ml Sahne
2 EL medium Sherry
1 EL Sherryessig
1 Bund Estragon
Salz
Pfeffer
4 EL geschlagene Sahne

1. Die Perlhuhnbrüste enthäuten und sauber parieren. In jede Brusthälfte eine Tasche schneiden.
2. Für die Füllung die Perlhuhnkeulen entbeinen, häuten und von allen Sehnen befreien; das Fleisch kleinschneiden, salzen und pfeffern, mit Sahne und Sherry vermischen und 30 Minuten tiefkühlen.
3. Die Masse durch die feinste Scheibe des Wolfs drehen, nochmals kurz tiefkühlen, dann kurz durch die Messermühle laufen lassen.
4. Diese Farce durch ein Sieb streichen, die geschlagene Sahne sowie die Sprossen unterheben und kaltstellen.
5. Den Spinat putzen, waschen, in Salzwasser blanchieren, abschrekken und trockentupfen.
6. Die eingeschnittenen Perlhuhnbrusthälften mit Spinatblättern auskleiden.
7. Mit Hilfe eines Spritzbeutels die Farce in die Fleischtaschen drücken.
8. Die gefüllten Perlhuhnbrüste in Alufolie wickeln, die Enden zudrehen und 15 Minuten in sanft siedendem Wasser pochieren.
9. Für die Sauce Fond, Sahne, Sherry und Essig aufkochen, um ein Drittel reduzieren und mit dem Estragon im Mixer mixen.
10. Den Saucenansatz abschmecken, nochmals kurz aufkochen und mit dem Mixstab die geschlagene Sahne einarbeiten.

Zum Anrichten die Sauce auf Teller gießen, das Fleisch in Scheiben schneiden und darauf anrichten. Als Beilage junge Gemüse der Jahreszeit.

LAMMRÜCKEN UNTER DER THYMIAN-KRUSTE

(FÜR 4 PERSONEN)

KRUSTE:

250 g Butter
je 1 Bund Thymian und glatte Petersilie
2 Knoblauchzehen
Salz, Pfeffer
Paniermehl

LAMMKARREE:

600 g ausgelöstes Lammkarree, die Rippenknöchelchen belassen und sauber abgeschabt
Salz, Pfeffer
Olivenöl zum Braten
Senf zum Bestreichen

SAUCE:

½ l Lammfond
100 ml Rotwein
2 EL Balsamico-Essig
1 Zweig Rosmarin
1 TL Pfeilwurzelmehl

1. Für die Kruste die Butter zerlassen, die feingehackten Kräuter zufügen und den Knoblauch durch die Presse dazudrücken. Paniermehl dazugeben, bis alle Butter aufgesogen ist. Mit Salz und Pfeffer abschmekken.

2. Das Fleisch salzen und pfeffern, in der Pfanne in Olivenöl rundum anbraten und im Ofen bei 200 Grad 5 bis 7 Minuten garen. In Alufolie eingeschlagen (glänzende Seite nach innen) warmstellen.

3. Für die Sauce Fond, Wein und Essig mit dem Rosmarin aufkochen und um ein Drittel reduzieren. Den Rosmarin entfernen, das Pfeilwurzelmehl mit 2 EL Wasser anrühren, in die Sauce geben, aufkochen und ausquellen lassen.

4. Das Fleisch auswikkeln, mit Senf bestreichen und auf der Oberseite die Krustenmasse einen halben Zentimeter dick auftragen.

5. Das Fleisch unter dem Grill gratinieren, bis die Kruste gebräunt ist.

Zum Anrichten den Lammrücken in einen Zentimeter dicke Scheiben schneiden. Als Gemüsebeilage empfehle ich Zucchini, breite Bohnen oder Lauchzwiebeln; ferner Kartoffelplätzchen oder Kartoffelgratin.

VON LINKS NACH RECHTS:

1. Der ausgelöste und sauber parierte Lammrücken und die Zutaten für die Thymiankruste: Butter, Paniermehl, Thymian, Petersilie und Knoblauch.

2. Zunächst wird die Krustenmasse vorbereitet: Die Butter zerlassen, die feingehackten Kräuter und den durchgepreßten Knoblauch sowie das Paniermehl einrühren.

3. Die Masse hat die richtige Konsistenz, wenn das Paniermehl alle Butter aufgesogen hat. Jetzt mit Salz und Pfeffer abschmecken.

4. Das Fleisch würzen und bei starker Mittelhitze in Öl von allen Seiten anbraten, damit sich die Poren schließen und kein Saft ausläuft. Im Ofen garen.

5. Den Lammrücken mit Senf bestreichen, dann die Krustenmasse auf der Oberseite einen halben Zentimeter dick auftragen. Der Senf sorgt dabei für den Halt.

6. Unter dem Grill wird das Gericht vollendet: bei starker Oberhitze gratinieren, bis die Oberfläche goldbraun ist. Die Dauer hängt von der Heizleistung und vom Abstand zum Grill ab.

So kommt die Kruste auf's Karree

Zartes Wild unter knusprigen Nüssen

REHRÜCKEN IN DER NUSSKRUSTE
(FÜR 6 PERSONEN)

FARCE:

300 g schieres Rehfleisch aus Keule oder Schulter
50 g grüner Speck
Wildgewürz
Salz
Pfeffer
¼ l Sahne

KRUSTE:

100 g Pinienkerne
100 g Pistazienkerne
2 Wacholderbeeren
250 g Butter
Paniermehl
Salz
Pfeffer

REHRÜCKEN:

1 kleiner Rehrücken, ausgelöst und sauber pariert
Pflanzenöl zum Braten

SAUCE:

½ l Wildfond
⅛ l Rotwein
4 EL Gin
4 EL Madeira
⅛ l Holundersaft
100 g Butter zum Binden
200 g Holunderbeeren

1. Für die Farce Rehfleisch und Speck in Würfel schneiden, würzen, mit der Sahne mischen und eine halbe Stunde im Tiefkühler anfrieren; durch die feine Scheibe des Wolfs drehen, abermals kühlen und anschließend kurz durch die Messermühle laufen lassen. Erneut kühlen, durch ein Sieb streichen und abschmecken. Wenn die Masse zu fest ist, arbeitet man noch etwas Sahne ein.
2. Für die Kruste Pinien- und Pistazienkerne sowie die Wacholderbeeren in der Messermühle mittelfein hacken. Mit der zerlassenen Butter mischen und so lange Paniermehl zugeben, bis alles sichtbare Fett aufgesogen ist. Mit Salz und Pfeffer abschmecken.
3. Den Rehrücken salzen und pfeffern und in der Pfanne von allen Seiten gut anbraten; dann erkalten lassen.
4. Das Fleisch mit der Farce überziehen und im Ofen bei 200 Grad 8-10 Minuten braten. Anschließend mit der Kruste bestreichen und unter dem Grill bräunen.
5. Für die Sauce alle flüssigen Zutaten aufkochen und um ein Drittel reduzieren. Zum Binden die in Würfel geschnittene kalte Butter mit dem Stabmixer einarbeiten. Die Holunderbeeren in etwas zusätzlichem Holundersaft erhitzen und in die Sauce geben.
6. Den geschnittenen Rehrücken mit Rosenkohl, Pilzen und Kartoffelkroketten servieren.

FILET VOM BLACK ANGUS
(FÜR 2 PERSONEN)

2 Angus-Rinderfilets à 150 g
Salz
Pfeffer
Pflanzenöl zum Braten

SCHALOTTENSAUCE:

4 feingewürfelte Schalotten
20 g Butter
¼ l Rinder- oder Kalbsfond
2 EL Himbeeressig
60 ml Rotwein
½ TL Pfeilwurzelmehl oder 50 g kalte Butter zum Binden

1. Die sauber parierten, d. h. von allen Häuten und Sehnen befreiten, Filets salzen, pfeffern und in Öl von beiden Seiten scharf anbraten; im vorgeheizten Ofen bei 200 Grad in 5 bis 8 Minuten fertiggaren — je nachdem, ob das Fleisch saignant (blutig) oder medium (rosa) gewünscht wird.
2. Für die Sauce die Schalotten in der Butter anschwitzen, bis sie Farbe angenommen haben.
3. Mit Essig, Rotwein und Fond ablöschen, aufkochen lassen und um ein Drittel reduzieren.
4. Die Sauce mit Pfeilwurzelmehl oder Butter binden.
Als Beilage Gemüse der Jahreszeit, blanchiert und in geklärter Butter angeschwitzt; außerdem Kartoffelgratin oder -plätzchen.

Black Angus zeichnet sich durch sein faseriges, gut marmoriertes Fleisch aus. Rassetypisch ist die gelbe Farbe des Fettes.

GÄNSE- ODER ENTENBRATEN

Gänse und Enten sind sehr fettreich und brauchen deshalb beim Braten kein zusätzliches Fett. Um eine schöne knusprige Haut zu erzielen, reibt man das Geflügel eine Stunde vor dem Braten außen mit Salz ein, das der Haut Feuchtigkeit entzieht. Vor dem Braten mit dem Küchenkrepp abtupfen. Zusätzlich sticht man die Haut rundherum mit einer Gabel ein, damit beim Garen das Fett abfließen kann.

Zum Braten von Gans oder Ente gibt man ca. 2 cm hoch kaltes Wasser in den Bräter und legt das vorbereitete Geflügel mit der Brustseite nach unten hinein. Nach der Hälfte der Bratzeit wenden. Das Fleisch bleibt besonders saftig und die Haut wird schön knusprig, wenn man eine niedrige Backofentemperatur (160-170 Grad) wählt. Das Geflügel ist gar, wenn Bein oder Flügel sich leicht vom Körper lösen lassen und nicht mehr elastisch sind.

FÜLLUNGEN FÜR GÄNSE- ODER ENTENBRATEN

(JEWEILS FÜR 1 GANS ODER 2 ENTEN)

MIT BIRNEN, FEIGEN UND PISTAZIEN

200 g schieres Kalbfleisch aus der Keule
200 g Enten- oder Gänseleber
100 g grüner Speck, ersatzweise Gänseflomen
1 in Milch eingeweichtes Brötchen
1 Ei
Salz
Pfeffer
gemahlener Koriander
300 g Birnen
200 g gedörrte Feigen
150 g Pistazienkerne

1. Fleisch, Leber, Speck bzw. Flomen und das ausgedrückte Brötchen durch die feine Scheibe des Wolfs drehen.
2. Das Ei untermengen und die Masse mit den Gewürzen abschmecken.
3. Die Birnen schälen. Birnen und Feigen würfeln; zusammen mit den Pistazien unter die Farce mengen.

MIT SÜSSKARTOFFELN, ÄPFELN UND CASHEWKERNEN

750 g Süßkartoffeln
Salz
500 g säuerliche Äpfel
150 g gehackte Cashewkerne
2 Stangen Bleichsellerie
abgeriebene Schale von 1 unbehandelten Zitrone
1 EL Zitronensaft
1 TL gemahlener Zimt
Salz, Pfeffer

1. Die Süßkartoffeln schälen, in Stücke schneiden und in Salzwasser garen; anschließend durch die Kartoffelpresse drücken.
2. Die Äpfel schälen, vom Kerngehäuse befreien und ebenso wie den geputzten und gewaschenen Sellerie in kleine Würfel schneiden. Mit gehackten Cashewkernen, Zitronenschale und -saft sowie Zimt mischen.
3. Die Füllung mit Salz und Pfeffer abschmecken.

MIT KASTANIEN

400 g Eßkastanien
1 in Milch eingeweichtes Brötchen
125 g Kalbfleisch aus der Keule
125 g grüner Speck
2 feingehackte Schalotten
2 Eier
Salz
Pfeffer
Piment

1. Die Kastanien an der Rundung kreuzweise einritzen und ca. 10 Minuten im vorgeheizten Ofen bei 200 Grad rösten, bis die Schale aufplatzt. Anschließend schälen und hacken.
2. Das Fleisch mit dem ausgedrückten Brötchen und dem Speck durch die feine Scheibe des Wolfs drehen.
3. Die Eßkastanien, Schalotten und Eier unter die Fleischmasse mischen. Mit Salz, Pfeffer und Piment abschmecken.

POCHIERTE WACHTELN IN MAJORANSUD

(FÜR 4 PERSONEN)

12 frische Morcheln oder eingeweichte Trockenpilze
100 g Zuckererbsen
8 Stangen grüner Spargel
8 junge Möhren mit Grün
4 Wachteln
1 l Geflügelfond
300 g Crème fraîche
1 EL geklärte Butter
Salz
Pfeffer
50 g Butter
1 Bund Majoran

1. Frische Morcheln putzen und gründlich unter fließendem Wasser spülen, bis der Sand entfernt ist.
2. Das Gemüse putzen, waschen, blanchieren und abschrecken. Gut abtropfen lassen.
3. Die Wachteln halbieren und auslösen. Den Geflügelfond aufkochen, die Wachteln hineingeben und auf kleiner Flamme 5-8 Minuten ziehen lassen. Die Wachteln herausnehmen und warmstellen.
4. Für den Sud einen halben Liter Geflügelfond mit Crème fraîche aufkochen und um ein Drittel reduzieren.
5. Die Morcheln und das blanchierte Gemüse in geklärter Butter anschwitzen und mit Salz und Pfeffer abschmecken.
6. Butter und abgezupfte Majoranblätter zum reduzierten Sud geben und mit dem Stabmixer ca. 2 Minuten schaumig schlagen.
7. Das Gemüse auf gewärmten Tellern anrichten, die Wachteln darauflegen und mit dem Majoransud überziehen.

ENTE AUF SCHWARZEN LINSEN
(FÜR 6 PERSONEN)

LINSEN:

400 g schwarze Linsen
2 Schalotten
100 g Möhren
25 g Butter
⅛ l Entenfond
Salz, Pfeffer
1 Bund Schnittlauch in Röllchen

SAUCE:

½ l Entenfond
⅛ l Rotwein
2 EL Himbeeressig
100 g kalte Butter

6 kleine Entenbrusthälften mit Haut, aber ohne Knochen
Salz, Pfeffer
Entenfett zum Braten

1. Die Linsen im Schnellkochtopf 10-15 Minuten (sonst 30-40 Minuten) garen. Schalotte und Möhren würfeln und in Butter anschwitzen; die Linsen dazugeben, mit dem Fond ablöschen und würzen. Zuletzt den Schnittlauch zugeben.
2. Für die Sauce Fond, Rotwein und Essig aufkochen und um die Hälfte reduzieren.
3. Die Entenbrüste salzen, pfeffern und im Entenfett von beiden Seiten scharf anbraten; im vorgeheizten Ofen bei 200 Grad weitere 8 bis 10 Minuten garen. Vor dem Anschneiden 5 Minuten ruhen lassen.
4. Den Saucenansatz noch einmal kurz aufkochen. Zum Binden die Butter würfeln und einarbeiten.
5. Die Linsen mittig auf vorgewärmten Tellern anrichten. Die Entenbrüste schräg aufschneiden und auf die Linsen legen. Die Sauce um die Linsen herum anrichten.

POULARDENBRUST MIT SCHWARZEN OLIVEN
(FÜR 4 PERSONEN)

4 Poulardenbrusthälften ohne Haut und Knochen
Salz
Pfeffer
30 schwarze Oliven, entsteint und gehackt
50 g Olivenmark (püriertes schwarzes Olivenfleisch)
2 Schweinenetze
geklärte Butter zum Braten

SAUCE:

½ l Geflügelfond
¼ l Sahne
4 EL medium Sherry
1 EL Sherryessig
50 g schwarzes Olivenmark
100 g kalte Butter zum Binden
10 grüne Oliven, entsteint und gehackt
2 mittelgroße Tomaten, abgezogen, entkernt und gewürfelt

1. In die Poulardenbrüste eine Tasche schneiden. Das Fleisch innen sowie außen salzen und pfeffern. Oliven und Olivenmark mischen und das Fleisch damit füllen. Jede Portion in ein Stück Schweinenetz wickeln (die dicken Fettadern vorher abschneiden).
2. Die gefüllten Poulardenbrüste in der Pfanne in geklärter Butter anbraten und im Ofen bei 200 Grad weitere 8 bis 10 Minuten garen; zwischendurch wenden. Einige Minuten ruhen lassen. Das Schweinenetz vor dem Anschneiden entfernen.
3. Für die Sauce Fond, Sahne, Sherry und Essig aufkochen und um ein Drittel reduzieren. Das Olivenmark dazugeben und kurz mitkochen; anschließend durch ein Sieb streichen.
4. Die Sauce nochmals aufkochen und mit dem Stabmixer die kalte Butter einarbeiten; die Oliven und Tomaten dazugeben.
5. Zum Servieren das Fleisch schräg in einen Zentimeter dicke Scheiben schneiden. Die Sauce getrennt dazu reichen.

Als Beilage sind Kohlrabigemüse oder Spinat sowie Kartoffelpüree zu empfehlen.

MEIN CORDON BLEU VON DER POULARDE
(FÜR 4 PERSONEN)

4 ausgelöste Poulardenbrusthälften ohne Haut
Salz, Pfeffer
150 g Mozzarella
8 kleine Tomatenscheiben
8 große Blätter Basilikum

ZUM PANIEREN:

1 Ei
50 g geriebener Parmesan
50 g Paniermehl
Butter zum Braten

1. In die Poulardenbrüste eine Tasche schneiden und das Fleisch innen und außen salzen und pfeffern.
2. Den abgetropften Mozzarella in Scheiben schneiden. Jede Brusthälfte mit zwei Tomatenscheiben, Basilikumblättern und Käsescheiben füllen; die Öffnung der Bruststücke mit hölzernen Zahnstochern oder Rouladennadeln verschließen.
3. Die gefüllten Poulardenbrüste zuerst in verquirltem Ei, dann in einer Mischung aus Parmesan und Paniermehl wenden.
4. Die Cordon Bleus in aufschäumender Butter von beiden Seiten anbraten, dann im Ofen bei 200 Grad in 10 Minuten fertiggaren.
5. Als Beilage ein Blattgemüse wie Mangold oder Blattspinat.
Tip: Eine besondere und kostbare Note erhält das Gericht, wenn man die Tomatenscheiben durch in feine Scheiben geschnittene Trüffel ersetzt.

Fonds und Saucen: Die Pflicht und die Kür

Am Anfang aller feinen Küche stehen die Fonds – Brühen aus Fleisch und Geflügel, Fisch und Gemüse. Sie sind die unentbehrliche Grundlage für die Komposition meisterlicher Saucen.

Limettenschaum: Diese Sauce rundet mit ihrer frischen Säure sowohl Fisch- als auch Fleisch- und Geflügelgerichte ab. Rezept auf S. 148.

DIE MENGE MACHT'S

Das gilt für die Bemessung der Zutaten ebenso wie für die Menge auf dem Teller. Wer mit den Zutaten umzugehen weiß, kann eine Sauce leicht oder schwer machen und sie entsprechend üppig oder sparsam dosieren. Eine Bindung fast ohne Kalorienbelastung erreicht man durch Pfeilwurzelmehl. Dieses pflanzliche Bindemittel bekommt man im Reformhaus, im Naturkostladen oder in der Apotheke. Auch mit pürierten Kartoffeln oder Gemüse bekommen Saucen die gewünschte Sämigkeit.

Ein Wort zum Alkohol in Saucen: Alkohol ist flüchtig, er verdampft eher als Wasser. Wein, der zur Bereitung eines Fonds verwendet wurde, ist nur geschmacklich, nicht aber alkoholisch wirksam – der Alkohol hat sich beim Kochprozeß davongemacht. Wird er dagegen einer Sauce erst am Schluß zugesetzt, kann er noch voll wirksam sein. Das muß man bedenken, wenn man für Kinder oder Alkoholkranke kocht.

◀ FOTO S. 146-147

KRUSTENTIER-FOND

(FÜR 6 PERSONEN)

2 kg Karkassen
(Panzer und Schalen)
von Krustentieren
(Hummer, Languste,
Garnelen, Flußkrebse,
Langostinos)
50 ml Olivenöl
2 EL Tomatenmark
1 kl. Dose geschälte
Tomaten
2 Stangen Lauch
4 Möhren
1 Knolle Sellerie
1 Staude Bleichsellerie
1 Bund Lauchzwiebeln
1 l trockener Weißwein
4 EL Cognac
¼ l Noilly Prat
1 TL grobes Meersalz
20 Pfefferkörner

1. Die Karkassen unter kaltem Wasser gründlich waschen, abtropfen lassen, so klein wie möglich hacken und in einem großen Topf in Olivenöl anrösten. Tomatenmark und Dosentomaten dazugeben und anschwitzen.
2. Das geputzte und walnußgroß geschnittene Gemüse zugeben. Mit Wein, Cognac und Noilly Prat ablöschen und mit Wasser so auffüllen, daß alle Zutaten bedeckt sind. Salz und Pfeffer zugeben und eine Stunde köcheln lassen.
3. Den Fond abseihen und durch ein Tuch passieren.

FOTO S. 145

LIMETTEN-SCHAUM

(FÜR 4 PERSONEN)

⅛ l Fond
Schale und Saft von
2 unbehandelten
Limetten
3 Eigelb
Salz
weißer Pfeffer
⅛ l Sahne
das als Scheiben ausgelöste Fruchtfleisch
von 2 Limetten

1. Den Fond mit Zitrusschale und -saft, Eigelb, Salz und Pfeffer aus der Mühle verrühren; im warmen Wasserbad aufschlagen.
2. Wenn die Masse dicklich wird, nach und nach die Sahne zugeben; dabei ständig weiterschlagen.
3. Aus dem Wasserbad nehmen und das ausgelöste Fruchtfleisch der Limetten unter die Sauce ziehen.

Wird der Limettenschaum zu Fischgerichten serviert, bereitet man ihn mit Fischfond zu. Bei Geflügelgerichten verwendet man für den Limettenschaum Hühnerbrühe und bei Rind- oder Kalbfleisch Rinderbrühe.

RUCCOLA-SAUCE ZU FISCH

(FÜR 2 PERSONEN)

¼ l Fischfond
100 ml Sahne
2 EL Noilly Prat
1 EL Zitronensaft
50 g Ruccola
Salz, Pfeffer
2 EL geschlagene
Sahne

1. Fischfond, Sahne, Noilly Prat und Zitronensaft aufkochen und um ein Drittel reduzieren.
2. Die verlesene, gewaschene und gehackte Ruccola zufügen. Alles im Mixer pürieren und durch ein Sieb streichen. Eventuell noch mit Salz und Pfeffer abschmecken.
3. Mit dem Stabmixer die geschlagene Sahne einarbeiten.
Nach diesem Rezept lassen sich auch andere Kräutersaucen herstellen, zum Beispiel mit: Brunnenkresse, Basilikum, Estragon, Sauerampfer, Kerbel, Petersilie oder Koriander.

MEINE GRÜNE SAUCE

(FÜR 8 PERSONEN)

2 Pakete Kräutermischung für Frankfurter Grüne Sauce
(Sauerampfer, Pimpernelle, Schnittlauch,
Borretsch, Kerbel,
Brunnenkresse und
Petersilie – jedes der
in Frankfurt üblichen
Kräuterbündel enthält
ca. 250 Gramm)
400 g Crème fraîche
200 g Joghurt
2 TL Senf
3 feingewürfelte
Schalotten
Salz
Pfeffer

1. Die Kräuter verlesen, waschen, gut abtropfen lassen und grob hacken.
2. Kräuter, Crème fraîche, Joghurt, Senf und Schalotten im Mixer pürieren; mit Salz und Pfeffer abschmecken.

Die grüne Sauce mit gehackten Eiern zu gekochtem Rindfleisch oder aber mit neuen Kartoffeln und weichgekochten Eiern servieren.

Grüne Sauce: Schon Goethe schwärmte für die ,Grüne Soß'

GEFLÜGEL-FOND
(FÜR 6 PERSONEN)

50 ml Pflanzenöl
2-3 kg Karkassen und Parüren von Geflügel
4 Möhren
1 kleine Sellerieknolle
1 Staude Bleichsellerie
2 Stangen Lauch
1 Bund Lauchzwiebeln
200 g Pilzabschnitte
2 EL Tomatenmark
1,5 l Rotwein
½ TL Salz
1 Bund Petersilie
1 Lorbeerblatt
20 Pfefferkörner

1. Das Öl in einem großen Topf erhitzen und die Geflügelteile unter Rühren darin anrösten.
2. Das Gemüse putzen, waschen und kleinschneiden; zu den Geflügelteilen geben und mitrösten.
3. Das Tomatenmark zugeben, mit Wein ablöschen und salzen. Reduzieren, bis die Flüssigkeit nahezu verdampft ist.
4. Mit 1,5 Liter Wasser ablöschen und 3-4 Stunden köcheln lassen. 30 Minuten vor Ende der Kochzeit Petersilie, Lorbeerblatt und Pfefferkörner zugeben.
5. Abseihen und durch ein Tuch passieren; über Nacht kaltstellen, dann entfetten.

Tip: Kalbsfond nach derselben Methode bereiten.

RINDERBRÜHE
(FÜR 6 PERSONEN)

1 große Zwiebel
1 Sellerieknolle
6 Möhren
3 Stangen Lauch
1 Bund Lauchzwiebeln
2 kg Rinderknochen (die Hälfte davon Markknochen)
2 kg Rinderbrust
1 TL Meersalz
1 Zweig Liebstöckel
1 Bund Petersilie
20 schwarze Pfefferkörner

1. Die Zwiebel ungeschält halbieren und die Schnittflächen auf einer heißen Herdplatte bräunen. Das Gemüse putzen, waschen und kleinschneiden.
2. Die Knochen und das Fleisch mit fünf Liter kaltem Wasser aufsetzen und zum Kochen bringen. Den aufsteigenden Schaum abschöpfen.
3. Das Gemüse, die Zwiebel und das Salz dazugeben; 3-4 Stunden köcheln lassen. 30 Minuten vor Ende der Kochzeit Kräuter und Pfefferkörner zugeben.
4. Abseihen, durch ein Tuch filtern; die Brühe über Nacht kaltstellen und dann entfetten.

Helle Hühnerbrühe wird ebenso bereitet: Ersetzen Sie Knochen und Rindfleisch durch Suppenhühner oder Hühnerteile (Flügel und Karkassen).

Fonds und Brühen, das 1x1 der feine Küche

WILDFOND
(FÜR 6 PERSONEN)

50 ml Pflanzenöl
2 kg Knochen und Parüren von Wild
4 Möhren
1 kleine Knolle Sellerie
1 Staude Bleichsellerie
2 Stangen Lauch
1 Bund Lauchzwiebeln mit Grün
1 EL getrocknete Steinpilze oder 4 bis 5 EL frische Pilzabschnitte
2 EL Tomatenmark
4 EL Preiselbeeren
1 l Rotwein
4-5 Stengel Petersilie
2 Lorbeerblätter
10 Nelken
20 Pfefferkörner
10 Wacholderbeeren
1 TL Korianderkörner

1. Das Öl in einem großen Topf erhitzen und unter Rühren die kleingesägten Knochen und Parüren darin anrösten.
2. Das Gemüse putzen, waschen und in walnußgroße Würfel schneiden; zu den Knochen geben und mitrösten.
3. Tomatenmark und Preiselbeeren zufügen und mit dem Rotwein ablöschen. Einkochen, bis die Flüssigkeit fast vollständig verdampft ist.
4. Mit Wasser ablöschen und mindestens drei Stunden köcheln lassen. Falls nötig etwas Wasser ergänzen. Kräuter und Gewürze erst 30 Minuten vor Ende der Kochzeit zugeben.
5. Den Fond abseihen und durch ein Tuch passieren. Über Nacht kaltstellen, dann entfetten.
Unter seiner Fettschicht ist der Fond im Kühlschrank eine Woche haltbar, entfettet und eingefroren mehrere Monate.

FISCHFOND
(FÜR 6 PERSONEN)

2 kg Gerippe und Köpfe von Plattfischen (möglichst nur Steinbutt und Seezunge)
2 Möhren
2 Stangen Lauch
250 g Sellerieknolle
1 kleine Staude Bleichsellerie
2 Knollen Fenchel
1 Bund Dill
1 Zweig Thymian
1 l trockener Weißwein
1/4 l Noilly Prat
1 TL grobes Meersalz
20 weiße Pfefferkörner

1. Die Fischteile unter fließendem Wasser abspülen, mit kaltem Wasser bedeckt aufsetzen und aufkochen. Den dabei aufsteigenden Schaum abschöpfen.
2. Das Gemüse putzen, waschen und in mittelgroße Würfel schneiden; zum Fisch geben. Noilly Prat, Weißwein, Salz und Pfeffer zufügen und etwa 1 Stunde köcheln lassen; abseihen und durch ein Tuch filtern.

Spiel mit den Farben des Obstgartens

So reizvoll wie das Bild der Fruchtsaucen sind deren Geschmackskontraste. Rezept auf S. 154.

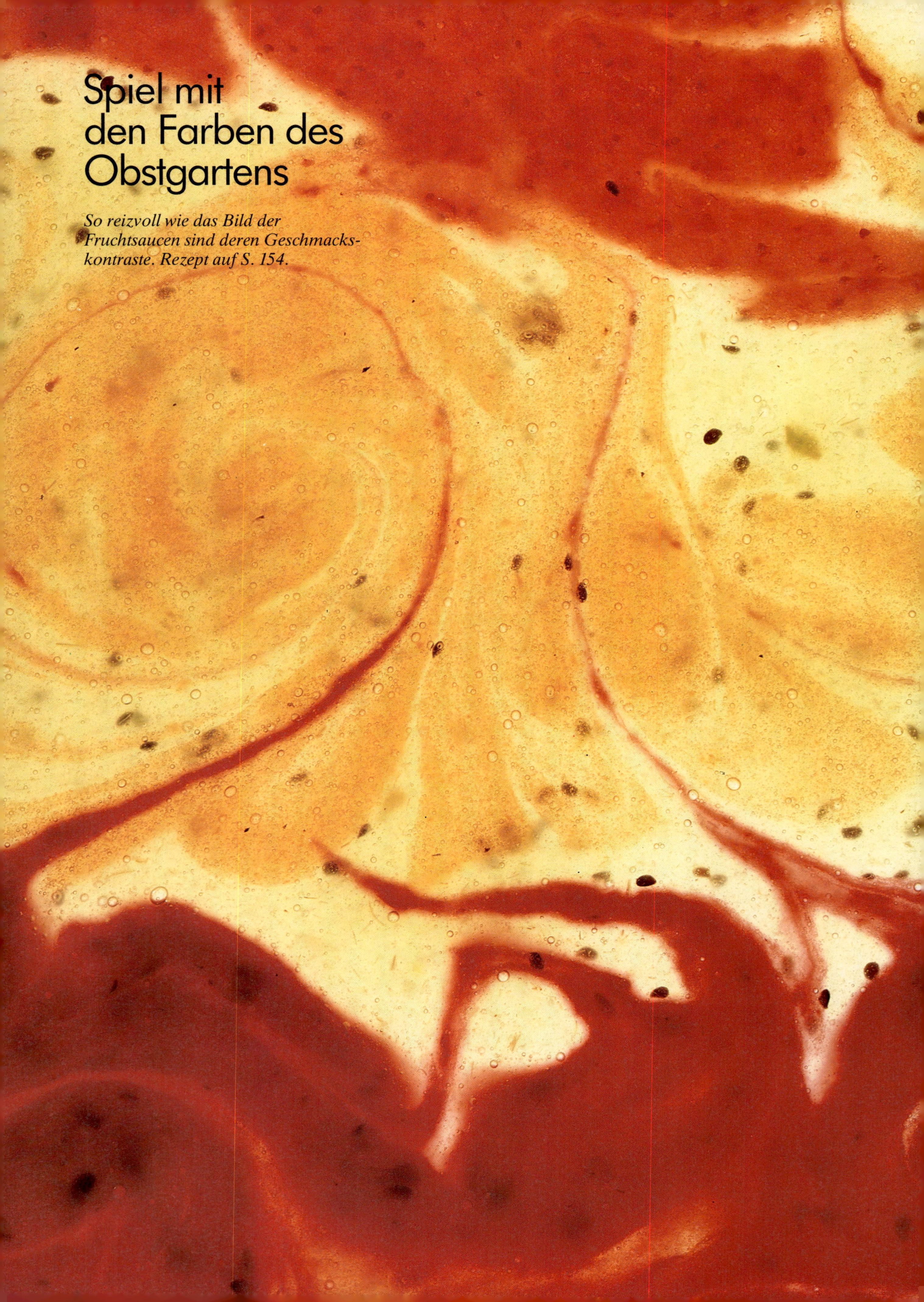

◄ FOTO S. 152-153

FRUCHTSAUCEN ZU DESSERTS

Früchte nach Wahl
Läuterzucker, Honig oder Ahornsirup
Weißwein

1. Zur rohen Verarbeitung eignen sich alle Arten von Beeren sowie Kiwi, Mango, Ananas, Banane und Papaya. Die vorbereiteten Früchte werden unter Zugabe von etwas Läuterzucker, Honig oder Ahornsirup püriert und anschließend durch ein Sieb gestrichen.
2. Pfirsiche, Pflaumen, Kirschen, Äpfel, Birnen und Mirabellen werden zuvor in etwas Weißwein, dem Läuterzucker, Honig oder Sirup beigegeben wurde, gegart.

Tip: Süßungsmittel gerade so viel, wie für Konsistenz und Geschmack der Sauce nötig ist – das hängt von der Festigkeit der Früchte und vor allem von deren Säuregehalt ab. Bei säurearmen Früchten kann man die Sauce noch mit Zitronensaft abschmecken. Wer mag, gibt einen Schuß geschmacklich passenden Likör oder Obstgeist in die Sauce.

VANILLESAUCE
(FÜR 4 PERSONEN)

1 Vanilleschote
¼ l Sahne
4 Eigelb
30 g Fruchtzucker
Saft einer Zitrone

1. Die Vanilleschote spalten und das Mark herauskratzen. Mark und Schote mit der Sahne aufkochen.
2. Das Eigelb mit dem Fruchtzucker schaumigschlagen.
3. Die Vanillesahne (nach Entfernen der Schote) vorsichtig in die Eigelbmischung einrühren und im heißen Wasserbad zur Rose abziehen (s. S. 229).
4. Die Vanillesauce mit etwas Zitronensaft abschmecken.

Tip: Um Fett und Kalorien zu sparen, kann man die Sahne ganz oder teilweise durch Milch ersetzen. Bei mehr als 50 Prozent Milchanteil muß man allerdings auf die Zitrone verzichten – sie brächte das Milcheiweiß zum Gerinnen.

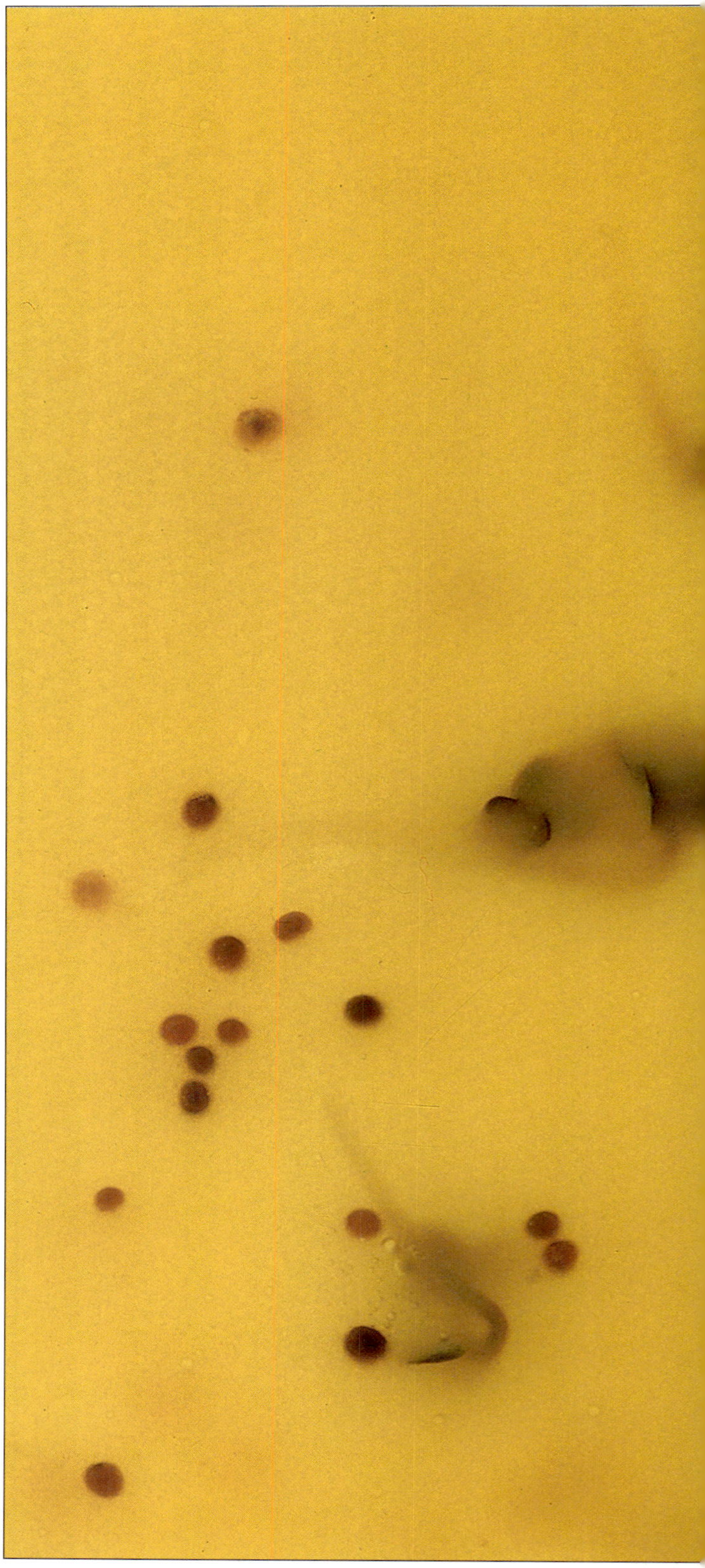

WARME VINAIGRETTE
(FÜR 2 PERSONEN)

¼ l Fischfond
(s. S. 151)
1 EL Limettenessig
(ersatzweise Obstessig)
2 EL Noilly Prat
Saft einer Zitrone
4 EL Olivenöl
50 g kalte Butter
1 gestr. EL Senfkörner
1 EL Senfsprossen
Salz
weißer Pfeffer

1. Fischfond mit Essig, Noilly Prat, Zitronensaft und Öl aufkochen und um ein Drittel reduzieren.
2. Flockenweise die kalte Butter einarbeiten.
3. Mit Salz und Pfeffer abschmecken. Dann die Senfkörner und -sprossen einrühren.

Durch verschiedene Einlagen läßt sich dieses Rezept vielfach abwandeln. Zum Beispiel mit feingewürfeltem rohem Fenchel und Fenchelkraut; mit feinsten Streifen oder Würfeln von Paprika – rot, gelb, grün oder gemischt; mit sehr fein gewürfelten Möhren, Lauch und Sellerie, kurz blanchiert; mit Kapern und Schnittlauch; mit Tomatenwürfeln und Basilikumstreifen; mit Alfalfasprossen, Schnittlauch und Tomatenwürfeln.

Ein Sößchen, das nicht nur Salat gut ansteht

Chutneys: Die rassigen Verwandten der Marmelade

STACHELBEER-CHUTNEY
(FÜR 3 KLEINE GLÄSER)

1 kg Stachelbeeren
250 g Fruchtzucker
200 g Zwiebel in Ringen
200 g Rosinen
50 g frische Ingwerwurzel, feingewürfelt
je 1/4 TL gemahlene Nelken und Cayennepfeffer
1/4 l Obstessig
1/8 l Zitronenessig (ersatzweise Obstessig)

1. Die Stachelbeeren putzen, waschen, abtropfen lassen und mit dem Fruchtzucker in einer Kasserolle leicht karamelisieren.
2. Zwiebeln, Rosinen sowie Ingwer zufügen und bei schwacher Hitze unter ständigem Rühren zum Kochen bringen.
3. Die Gewürze und den Essig einrühren, 30 Minuten köcheln lassen; durch ein Sieb streichen, sofort in heiß ausgespülte Twist-Off-Gläser füllen und verschließen.
Zu gebratenem oder gegrilltem Fleisch reichen.

PFLAUMEN-CHUTNEY

(FÜR 3 GLÄSER)

1 kg Pflaumen, entsteint und geviertelt
250 g Fruchtzucker
50 g Sultaninen
50 g Ingwerwurzel, feingewürfelt
1 kleine rote Chilischote, entkernt und kleingeschnitten
1 EL Senfkörner
½ TL gemahlener Koriander
eine halbe Zimtstange
2 Nelken
¼ l Obstessig
¼ l Zitronenessig
30 g Mandeln und
30 g Pistazien, gehackt

1. Die Pflaumen mit dem Fruchtzucker in einer Kasserolle karamelisieren.
2. Sultaninen, Ingwer, Chili und Gewürze dazugeben, aufkochen, mit dem Essig ablöschen und eine halbe Stunde köcheln lassen.
3. Das Chutney durch ein Sieb streichen und nochmals kurz aufkochen. Die Mandeln und Pistazien unterrühren.
4. Das Chutney sofort in heiß ausgespülte Twist-Off-Gläser füllen und verschließen.
Zu gebratener Leber und zu Wildgerichten.

Tip: Chutneys kann man aufwerten, indem man sie kurz erwärmt und dann einige frische Früchte unterrührt.

BANANEN-CURRYSAUCE
(FÜR 4 PERSONEN)

2 weiche Bananen
2 Scheiben frische Ananas
125 g Crème fraîche
125 g Joghurt
1 TL Senf
1 EL mildes Currypulver
Saft einer Zitrone
Salz, Pfeffer

1. Die Bananen und die Ananas schälen, in Stücke schneiden und mit den übrigen Zutaten im Mixer pürieren.
2. Die Bananen-Currysauce anschließend durch ein Sieb streichen.
Zu Matjesfilets oder kaltem Geflügel reichen.

PAPRIKA-JOGHURT-SAUCE
(FÜR 4 PERSONEN)

Je 1 kleine grüne, gelbe und rote Paprikaschote
2 Knoblauchzehen
300 g Joghurt
100 g Crème fraîche
5 EL Weißweinessig
75 ml Olivenöl
Salz
Pfeffer
1 TL Paprikapulver

1. Die gewaschenen Paprika halbieren, entkernen und in kleine Würfel schneiden; den Knoblauch durch die Presse drücken.
2. Die übrigen Zutaten verrühren; Paprikawürfel und Knoblauch unterziehen.
Die Paprika-Joghurtsauce paßt zu Gemüsesalat sowie zu gegrilltem Fleisch oder Fisch.

JOGHURT-SAUCE MIT ZITRONEN-MELISSE
(FÜR 4 PERSONEN)

1 Bund Melisse
300 g Joghurt
abgeriebene Schale und Saft 1 unbehandelten Zitrone
50 ml Sahne
2 EL Zitronenessig (ersatzweise Obstessig)
Salz
Pfeffer

1. Die Melisseblättchen abzupfen und feinhacken.
2. Joghurt, Zitronenschale und -saft, Sahne und Zitronenessig verrühren. Mit Salz und Pfeffer abschmecken.
3. Die feingehackte Melisse unterheben.
Zu Fischtatar und gebeiztem Fisch reichen; auch als Salatsauce, speziell zu Geflügelsalat.

JOGHURT-SENFSAUCE
(FÜR 4 PERSONEN)

2 Eigelb
2 TL englisches Senfpulver
3 TL grober Senf
2 TL Zitronensaft
2 feingewürfelte Schalotten
300 g Joghurt
Salz, Pfeffer

1. Eigelb, Senfpulver, Senf, Zitronensaft und Schalottenwürfel gut verrühren.
2. Die Mischung unter den Joghurt ziehen. Mit Salz und Pfeffer abschmecken.
Als Salatsauce, zu kaltem Braten, zu gegrilltem oder gebratenem Fisch.

Joghurtsaucen: Würziges auf frischer, leichter Basis

Auf klassische Art wird Mayonnaise mit dem Schneebesen aufgeschlagen – locker aus dem Handgelenk. Zuerst das Eigelb mit Gewürzen, Essig oder Zitronensaft schaumig rühren, dann das Öl in kleinen, später in größeren Dosen einarbeiten. Alle Zutaten müssen Zimmertemperatur haben!

Mayonnaisen: Ein einfacher Trick – die Zauberei mit Öl und Ei

Olivenmayonnaise

Eigelb und Senf, Zitrone und Öl: die klassischen Zutaten für eine Mayonnaise. Dazu als Einlage Oliven und Pfefferschote und zur Lockerung geschlagene Sahne.

Für die Einlage werden die Oliven und die Pfefferschote feingehackt; das geht am besten mit einem kleinen Messer.

Alle Zutaten für die Mayonnaise sollten Zimmertemperatur haben. Sie werden in eine Schale gegeben und einfach mit dem Stabmixer zur Mayonnaise aufgeschlagen.

Pfefferschote und Oliven einrühren. Die geschlagene Sahne wird erst unmittelbar vor dem Servieren unter die Mayonnaise gehoben.

Diese Olivenmayonnaise paßt sehr gut zu gebratenem Fisch. Hier sind es Medaillons vom Seeteufel.

(Rezept Seite 162)

Currymayonnaise mit Senffrüchten

Diese Mayonnaise wird mit Sesamöl gerührt; außer den üblichen Grundzutaten kommen hier Currypulver, Senffrüchte und ein Schuß Weißwein dazu.

Senffrüchte sind eine italienische Spezialität: in schwerem, mit Senfkörnern gewürztem Sirup kandiertes Obst. Es wird säuberlich in feine Würfel geschnitten.

Alle Zutaten für die Mayonnaise in eine Schale geben und mit dem Stabmixer aufschlagen. Das dauert nicht einmal eine Minute, und die Methode ist narrensicher.

Jetzt werden Currypulver, Senffrüchte und Weißwein unter die Mayonnaise gehoben.

Diese Currymayonnaise mit Senffrüchten eignet sich besonders gut als Beigabe zu gekochten Eiern.

(Rezept Seite 162)

◄ PHASENFOTOS S. 161

OLIVEN-MAYONNAISE
(FÜR 4 PERSONEN)

EINLAGE:

20 g grüne Oliven, entsteint und gehackt
½ grüne Pfefferschote
2 EL geschlagene Sahne

MAYONNAISE:

2 Eigelb
2 TL Senf
2 TL Zitronensaft
¼ l Olivenöl
Salz, Pfeffer

1. Die Pfefferschote unter fließendem Wasser halbieren und entkernen, dann in feinste Würfel schneiden.
2. Die Zutaten für die Mayonnaise (sie müssen alle Zimmertemperatur haben) in einen Mixbecher oder eine Schale geben und mit dem Stabmixer aufschlagen.
3. Pfefferschote und Oliven einrühren. Die geschlagene Sahne erst kurz vor dem Servieren unterheben.

◄ PHASENFOTOS S. 161

CURRY-MAYONNAISE MIT SENF-FRÜCHTEN
(FÜR 4 PERSONEN)

EINLAGE:

4 TL Currypulver
50 g Senffrüchte
4 EL Weißwein

MAYONNAISE:

2 Eigelb
2 TL Zitronensaft
2 TL Senf
Salz, Pfeffer
¼ l Sesamöl

1. Die Senffrüchte abtropfen lassen und in feine Würfel schneiden.
2. Die Zutaten für die Mayonnaise (sie müssen alle Zimmertemperatur haben) mit dem Stabmixer aufschlagen.
3. Currypulver, Senffrüchte und Weißwein unter die Mayonnaise ziehen.
Zu gekochtem Geflügel und zu Eierspeisen reichen.

ORANGEN-PFEFFERSAUCE
(FÜR 2 PERSONEN)

Schale 1 unbehandelten Orange
¼ l Fischfond
⅛ l Orangensaft
2 EL Noilly Prat (nach Belieben)
100 ml Sahne
20 g rosa Pfefferkörner
30 g kalte Butter
2 EL geschlagene Sahne

1. Die Orangenschale abschälen, von der weißen Innenhaut befreien und hacken.
2. Mit den anderen Zutaten, außer der Butter und der geschlagenen Sahne, mischen. Aufkochen und um ein Drittel reduzieren.
3. Die kalte Butter sowie die geschlagene Sahne zugeben und die Sauce mit dem Stabmixer aufschlagen.
Zu Geflügel oder pochierten Jakobsmuscheln servieren.

GORGONZOLA-SAUCE
(FÜR 2 PERSONEN)

¼ l Hühnerbrühe
100 ml Sahne
1 EL Sherryessig
2 EL medium Sherry
50 g Gorgonzola
2 EL geschlagene Sahne

1. Hühnerbrühe, Sahne, Sherry und Essig aufkochen und um ein Drittel reduzieren.
2. Den gewürfelten Käse zugeben, mit dem Stabmixer unterarbeiten und die Sauce durch ein Sieb streichen.
3. Die geschlagene Sahne unterheben.
Zu Kalbsfilet, Rinderfilet und Nudelgerichten.

TOMATEN-BASILIKUM-SAUCE
(FÜR 6 PERSONEN)

1 Gemüsezwiebel
1 Knoblauchzehe
4 EL Olivenöl
1 Bund Basilikum
500 g frische Tomaten
250 g abgetropfte Dosentomaten
2 EL Tomatenmark
¼ l trockener Weißwein
3 Sardellenfilets
Salz, Pfeffer

EINLAGE:

200 g schwarze Oliven, entsteint und geviertelt
1 Bund Basilikum, die Blätter abgezupft und in schmale Streifen geschnitten

1. Die gehackte Zwiebel und den durchgepreßten Knoblauch im Olivenöl anschwitzen. Das mitsamt den Stielen grobgehackte Basilikum dazugeben und ebenfalls anschwitzen.
2. Die gewaschenen, geviertelten Tomaten, die Dosentomaten und das Tomatenmark zugeben; dann den Weißwein, die kurz gewässerten und feingehackten Sardellen sowie Salz und Pfeffer.
3. Die Sauce zehn Minuten köcheln lassen; anschließend durch ein nicht zu feines Sieb streichen.
4. Zum Schluß die Oliven und Basilikumstreifen in die Sauce geben.
Warm zu Nudelgerichten, warm oder kalt zu gebratenem Fisch reichen.

MEERRETTICH-KAPERNSAUCE
(FÜR 4 PERSONEN)

- *1 Eigelb*
- *1 TL Zitronensaft*
- *1 Prise Zucker*
- *Salz*
- *Pfeffer aus der Mühle*
- *1 TL Senf*
- *3 EL geriebener Meerrettich*
- *1/8 l Pflanzenöl*
- *200 g Crème fraîche*
- *150 g Kapern*

1. Eigelb, Zitronensaft, Zucker, Salz, Pfeffer, Senf, Meerrettich und Öl in einen Mixbecher geben. Mit dem Stabmixer zu einer Mayonnaise verarbeiten.
2. Crème fraîche unterrühren und die gut abgetropften Kapern unterziehen.
Zu gekochtem Rindfleisch, Räucherlachs oder Lachstatar reichen.

CASSIS-SAUCE
(FÜR 6 PERSONEN)

- *300 g schwarze Johannisbeeren*
- *5 EL Fruchtzucker*
- *60 ml Cassislikör*
- *2 EL Cassisessig (ersatzweise Obstessig)*

1. Die Johannisbeeren waschen, abtropfen lassen und von Stiel sowie Blütenansatz befreien.
2. Die Früchte mit den anderen Zutaten in einen Mixer geben. Das Fruchtpüree anschließend durch ein Sieb streichen.
3. Die Sauce, falls sie zu dick ist, mit Johannisbeersaft verdünnen.

Tip: Die Cassis-Dessertsauce paßt besonders gut zu Vollkornpalatschinken mit Bananenfüllung (s. S. 208).

PESTO (LIGURISCHE KRÄUTERSAUCE) AUF MEINE ART
(FÜR 6 PERSONEN)

- *1 TL grobes Meersalz*
- *3 Knoblauchzehen*
- *60 g Pinienkerne*
- *200 g Basilikum*
- *40 g alter Pecorino und*
- *80 g Parmesan, gerieben*
- *1/4 l Olivenöl*

1. Salz, Knoblauch und Pinienkerne in der Messermühle feinhakken. Basilikum entstielen, zugeben und ebenfalls feinhacken.
2. Die Masse mit dem Käse und dem Olivenöl verrühren.
Als Marinade für Carpaccio von Kalbs- oder Rinderfilet oder Fisch; als Sauce zu Nudeln, gebratenem Fisch, pochiertem Kalb und Rind oder gebratenen Langostinos.

PISTOU (SÜDFRANZÖSISCHE KRÄUTERSAUCE) AUF MEINE ART
(FÜR 6 PERSONEN)

- *50 g Petersilie*
- *50 g Basilikuum*
- *50 g Kerbel*
- *die Blätter von 1 Zweig Rosmarin*
- *Blätter und Blüten von 2 Zweiglein Thymian*
- *1/4 l Olivenöl*
- *Salz, Pfeffer*
- *Muskat*

1. Die Kräuter mit einigen Eßlöffeln Olivenöl in der Messermühle feinhacken.
2. Diese Kräutermischung in das restliche Olivenöl einrühren und mit Salz, Pfeffer sowie Muskatnuß abschmecken.
Als Marinade für Carpaccio von Lamm oder als Aromat für Saucen von Lammgerichten. Mit Weißbrotkrumen als Kruste für Lammrücken.

AVOCADO-SAUCE
(FÜR 6 PERSONEN)

- *400 g Avocadofruchtfleisch*
- *1 Knoblauchzehe*
- *Saft von 2 Zitronen*
- *1/8 l Sahne*
- *1/8 l Buttermilch*
- *Salz*
- *Pfeffer*
- *1 feingewürfelte Schalotte*
- *2 Sardellenfilets*
- *40 g Kapern*
- *1 Bund Schnittlauch in Röllchen*

1. Avocado halbieren und vom Stein befreien. Das Fruchtfleisch mit einem Löffel auslösen und kleinschneiden.
2. Die Knoblauchzehe durchpressen und mit dem Avocadofleisch, Zitronensaft, der Sahne und Buttermilch im Mixer pürieren.
3. Das Püree durch ein Sieb streichen und mit Salz, Pfeffer und Schalotte abschmecken.
4. Die Sardellenfilets in kleine Würfel schneiden und mit den abgetropften Kapern sowie den Schnittlauchröllchen unterziehen.
Diese Avocadosauce paßt prima zu Eiergerichten, kaltem Braten sowie Fischgerichten.

Gemüse: Die Pracht des Gartens auf dem Teller

Die Zeiten, da Gemüse lieblos behandelt und zur Beilage degradiert wurden, sind vorbei. Ihre Vielfalt an Formen, Farben und Aromen reizt zum lustvollen Kombinieren und Experimentieren.

Rote Bete, mit Balsamessig und Orangensaft karamelisiert: So wird die schlichte Rübe zur Delikatesse. Rezept auf Seite 168.

SO FRISCH, SO EINFACH, SO NATÜRLICH WIE MÖGLICH

Mit Gemüse kommt Abwechslung ins Essen. Je nachdem, welcher Teil einer Pflanze gegessen wird, unterscheidet man Wurzel-, Knollen-, Blatt-, Stengel-, Blüten- und Fruchtgemüse. Im Ausland werden auch Kartoffeln zu den Gemüsen gezählt. Abgesehen von den Hülsenfrüchten ist ihr Energiegehalt gering. Dafür sind Gemüse reich an Vitaminen, Mineral- und Ballaststoffen. Ein eintöniges Angebot (immer nur Erbsen und Möhren), das gnadenlose Verkochen und die Mehlschwitze unseligen Angedenkens haben dazu geführt, daß Gemüse zur trostlosen Beilage degradiert wurde.
In der modernen, zeitgemäßen Ernährung aber rücken Gemüse wieder zur Hauptsache auf — als eigenständige Gerichte zubereitet oder in Verbindung mit Fleisch oder Fisch, Geflügel, Käse oder Eiern. Für Gemüsegerichte gilt die Maxime: So frisch, so natürlich, so einfach und abwechslungsreich wie möglich.

◀ FOTO S. 165

KARAMELISIERTE ROTE BETE

(FÜR 2 PERSONEN)

4 kleine Rote Beten
Salz
4 EL geklärte Butter
20 g Fruchtzucker
40 ml Orangensaft
1 TL Balsamessig
Pfeffer

1. Die Roten Beten schälen und in 5 Millimeter dicke Scheiben schneiden, in Salzwasser 5 Minuten blanchieren, in Eiswasser abschrecken und abtropfen lassen.
2. In einer Pfanne in der geklärten Butter anschwitzen, mit dem Zucker bestreuen und karamelisieren lassen.
3. Mit Orangensaft und Balsamessig ablöschen, mit Salz und Pfeffer würzen. Die Flüssigkeit zu siruppartiger Konsistenz einkochen lassen.
Warm zu gebratenem Fleisch, besonders zu Wildgerichten servieren.

Tip: Wenn Orangen mit unbehandelter Schale zur Verfügung stehen, kann man einige Zesten mitverwenden: Kurz blanchieren, dann mit den Roten Beten anschwitzen.

FOTO S. 166-167

GEMÜSETERRINE MIT TOMATEN-BASILIKUM-SAUCE

(FÜR 6 PERSONEN)

100 g Möhren
300 ml Kalbsfond
90 g Butter
6 Blatt Gelatine
Salz, Pfeffer
Zitronensaft
200 ml Sahne
100 g Sellerieknolle
100 g grüner Spargel

SAUCE:
250 g Tomaten
2 Bund Basilikum
300 g Crème fraîche
100 ml Sahne
Salz, Pfeffer
Zitronensaft

GARNITUR:
Basilikumblättchen
Tomatenwürfel

1. Möhren waschen, schälen und kleinschneiden. In 100 ml Brühe mit 30 g Butter weichgaren.
2. Zwei Blatt in kaltem Wasser vorgeweichte, ausgedrückte Gelatine dazugeben; im Mixer pürieren, durch ein feines Sieb passieren und mit Salz, Pfeffer und Zitronensaft kräftig abschmecken (die Gelatine mindert die Intensität des Aromas, außerdem wird die Masse durch Sahne verlängert).
3. Eine Terrinenform von 1 Liter Inhalt sorgfältig dünn ausbuttern.
4. 65 ml Sahne steifschlagen und unter die Möhrenmasse heben; sobald diese zu gelieren beginnt in die Terrinenform füllen.
5. Mit Folie abdecken und kühlen, bis die Masse festgeworden ist.
6. Nach derselben Methode eine Selleriemasse herstellen, in die Form füllen und erstarren lassen.
7. Zum Schluß folgt die Spargelmasse. Der grüne Spargel dafür wird nicht geschält.
8. Nach dem Einfüllen der Spargelmasse die Oberfläche glattstreichen und die Mousse 4 bis 5 Stunden kühlen.
9. Zum Anrichten die Form kurz in heißes Wasser stellen, die Mousse auf eine Platte stürzen und in 2 Zentimeter dicke Scheiben schneiden.
10. Für die Sauce die Tomaten abziehen, vierteln, entkernen und das Fruchtfleisch in kleine Würfel schneiden. Basilikumblätter abzupfen und in feine Streifen schneiden.
11. Crème fraîche und Sahne verrühren, Tomaten und Basilikum unterheben, das Ganze mit Salz, Pfeffer und Zitronensaft abschmekken. Ist die Sauce zu dick, gibt man noch etwas Sahne dazu.
Mit einigen Basilikumblättchen und Tomatenwürfeln garnieren.

Tip: Die Mousse löst sich besonders leicht, wenn Sie die Terrinenform mit nasser Klarsichtfolie auslegen (s. S. 15).

Von den Wurzeln bis zur fertigen Terrine

Aus diesen alltäglichen Zutaten wird eine besonders raffinierte, dreifarbige Mousse.

Das vorbereitete Gemüse wird kleingeschnitten. Grünen Spargel braucht man nicht zu schälen.

Das Gemüse wird getrennt in etwas Brühe gegart. Anschließend die vorgeweichte Gelatine unterrühren.

Wie hier die Möhren werden auch die anderen Gemüse mit ihrem Fond und der Gelatine püriert.

Das Gemüsepüree durch ein Sieb passieren. Mit Salz, Pfeffer und Zitronensaft abschmecken.

Für die kontrastreiche Farbigkeit der Terrine sorgen die verschiedenen Gemüsepürees.

Ein Drittel der geschlagenen Sahne unter das Püree heben. Dieses unter die restliche Sahne ziehen.

Die Möhrenmasse glatt in die vorbereitete Form streichen. Abgedeckt kühl stellen und erstarren lassen.

Die Sellerie- und Spargelschicht in gleicher Weise herstellen. Die Mousse gut durchkühlen lassen.

Die Kunst des hauchfeinen Schnitts

CARPACCIO VON GRÜNEM SPARGEL
(FÜR 4 PERSONEN)

16 Stangen grüner Spargel
Salz

KRESSEDRESSING:
¼ l Rinderbrühe
60 ml Traubenkernöl
3 EL Sherryessig
Salz
Pfeffer
1 Bund Kresse
Butter zum Binden

1. Den Spargel schälen und unten so kürzen, daß an den Enden nichts Holziges bleibt. Kurz (1-3 Minuten) in Salzwasser blanchieren und in kaltem Wasser abschrecken.
2. Den Spargel der Länge nach in möglichst dünne Scheiben schneiden und auf Tellern anrichten.
3. Für das Dressing Brühe, Öl und Essig mischen, aufkochen und um ein Drittel reduzieren. Nach Geschmack mit Salz und Pfeffer würzen.
4. Die gewaschene, gut abgetropfte Kresse bis auf einige Blättchen hacken und in den Sud geben. Mit kalten Butterflöckchen binden.
5. Das Dressing über den Spargel geben und mit den zurückbehaltenen Kresseblättchen garnieren.

Wenn der Mai gekommen ist

LEIPZIGER ALLERLEI AUF MEINE ART
(FÜR 4 PERSONEN)

12 getrocknete Morcheln
50 g Knollensellerie
50 g Möhren
12 kleine Teltower Rübchen
8 Schneidebohnen
8 Stangen Spargel
12 Schoten Erbsen
50 g ausgepalte Erbsen
100 g geklärte Butter
Salz, Pfeffer

ALS GARNITUR FÜR EIN HAUPTGERICHT
16 Flußkrebse

GRIESSKLÖSSCHEN:
1/8 l Sahne
20 g Weichweizengrieß
1 Eigelb
Salz, Pfeffer

SAUCE:
1/2 l Krebsfond
400 ml Sahne
4 EL Noilly Prat
2 EL Cognac
4 TL Zitronensaft
3 EL geschlagene Sahne

1. Die Morcheln in Wasser einweichen; unter fließendem Wasser gründlich von Sand befreien. Sellerie putzen und in Stifte schneiden, Möhren und Rübchen tournieren, Bohnen abfädeln und in Stücke schneiden, Spargel schälen und ebenfalls in Stücke schneiden. Erbsenschoten putzen, abfädeln und dritteln.

2. Das Gemüse nach Sorten getrennt in Salzwasser blanchieren, in Eiswasser abschrecken und abtropfen lassen.

3. In einer Schwenkkasserolle die geklärte Butter zerlassen, das Gemüse darin fertiggaren und mit Salz und Pfeffer abschmecken.

Als Beilage zu Fisch oder Geflügel reichen.

Wird das Leipziger Allerlei als Hauptgericht serviert, kommen frisch gegarte, ausgelöste Krebsschwänze dazu und Grießklößchen: Hierzu wird die Sahne aufgekocht und der Grieß eingerührt. Man läßt den Grieß ausquellen und rührt dann das Eigelb in die Masse, schmeckt mit Salz und Pfeffer ab, sticht mit einem Teelöffel Klößchen ab und läßt sie in Salzwasser garziehen.

Für die zugehörige Sauce alle Zutaten außer der geschlagenen Sahne aufkochen, auf ein Viertel reduzieren und die geschlagene Sahne unterheben.

Die Sauce auf Teller verteilen, das Gemüse, die Krebse und die Klößchen darauf anrichten. Jede Portion mit einer Krebsnase garnieren.

Sellerie im Fastenkleid

Erfunden wurden Ravioli und Maultaschen einst, um an den Fastentagen verbotenen Fleischgenuß unschuldsvoll zu verhüllen. Heute füllt man sie mit Sellerie und freut sich am kräftigen Geschmack.
Rezept auf S. 176.

◄ FOTO S. 174-175

RAVIOLI MIT SELLERIEFÜLLUNG

(FÜR 4 PERSONEN ALS ZWISCHENGERICHT ODER 8 PERSONEN ALS BEILAGE ZU GEBRATENEM FISCH)

TEIG:

250 g feines Weizen-Vollkornmehl
1 Prise Salz
2 Eier
1 Eigelb

FÜLLUNG:

200 g Knollensellerie
200 g Staudensellerie
4 große Sellerieblätter
2 Eigelb
8 EL Crème fraîche
Salz, Pfeffer
Muskat
Mehl zum Ausrollen
1 Eigelb zum Bestreichen

1. Mehl, Salz, Eier und Eigelb zu einem glatten, elastischen Teig verkneten. In Folie wickeln und im Kühlschrank bis zur Weiterverarbeitung ruhen lassen.
2. Die beiden Selleriesorten putzen, waschen und in 5 Millimeter große Würfel schneiden. In Salzwasser ca. 45 Sekunden blanchieren, in Eiswasser abschrecken und gut abtropfen lassen. Die Sellerieblätter blanchieren, abschrecken und feinhacken.
3. Eigelb und Crème fraîche verquirlen, mit Sellerie und -blättern mischen, mit Salz, Pfeffer und Muskat abschmecken.
4. Den Teig in 2 Teile teilen, mit dem Nudelholz oder zwischen den Walzen einer Nudelmaschine auf 1,5 Millimeter Dicke zu zwei Rechtecken ausrollen.
5. Die Selleriefüllung mit einem Teelöffel in Häufchen auf eines der Teigrechtecke verteilen. Das Eigelb mit etwas Wasser verquirlen und die Zwischenräume damit bestreichen.
6. Das zweite Teigstück darauflegen und gut festdrücken; mit dem Teigrädchen die einzelnen Ravioli ausschneiden.
7. Die Ravioli in reichlich Salzwasser garziehen lassen. Sie sind gar, wenn sie an die Oberfläche steigen. Herausheben und in zerlassener Butter schwenken.

Das Mehl auf ein Brett sieben, eine Mulde hineindrücken und Salz sowie Ei hineingeben.

Wird mit einer Nudelmaschine gearbeitet, die Walzen zuerst auf großen Abstand, dann von Durchgang zu Durchgang enger stellen.

Mit einem Teigrädchen die einzelnen Ravioli ausschneiden.

Während der Teig ruht, den Sellerie für die Füllung erst in Streifen, dann in feine Würfel schneiden. Blanchieren.

Den fertig gekneteten Teig bis zur Weiterverarbeitung in Folie wickeln; dann in zwei Teile schneiden.

Die Füllung auf den Ravioliteig setzen und die Zwischenräume mit Eigelb bestreichen.

Die Teigtäschen sind gar, wenn sie im schwach siedenden Wasser an die Oberfläche steigen.

Stangen- und Knollensellerie sowie die feingehackten Blätter mit Eigelb, Crème fraîche und Gewürzen anmachen.

GEMÜSESTRUDEL

(FÜR 6 PERSONEN)

TEIG:

300 g feines Weizen-Vollkornmehl
1 Prise Salz
1 Ei
1 Eigelb
80 g Butter
1/8 l saure Sahne

FÜLLUNG:

1 kg Spinat (große Blätter)
Salz
300 g Gemüse nach Wahl (z. B. Möhren, Lauch, Sellerie und Schalotten)
geklärte Butter zum Anschwitzen
Salz, Pfeffer, Muskat
6 große Scheiben Gouda
6 hartgekochte Eier
50 g Pinienkerne
50 g Alfalfasprossen

ZUM BESTREICHEN:

1 Eigelb
4 EL Sahne

1. Aus den angegebenen Zutaten einen Teig kneten und 2 Stunden kühl ruhen lassen.
2. Den Spinat entstielen, mehrmals gründlich waschen und ca. 20 Sekunden in Salzwasser blanchieren; abschrecken und die Blätter auf einem Tuch trocknen lassen.
3. Das Gemüse putzen, waschen, in sehr schmale Streifen schneiden und kurz in Salzwasser blanchieren. Abtropfen lassen. Anschließend in geklärter Butter anschwitzen und mit Salz, Pfeffer und Muskat abschmecken.
4. Den Strudelteig nicht zu dünn ausrollen und dicht mit Spinatblättern belegen. Die Hälfte der Käsescheiben auflegen. Darauf die Hälfte der Gemüsestreifen verteilen. Die gepellten, ganzen Eier, die Pinienkerne und die Sprossen kommen nun auf das Gemüsebett.
5. Die andere Gemüsehälfte, die letzten Käsescheiben und der restliche Spinat schließen die Füllung ab.
6. Den Teig über der Füllung zu einem Strudel aufrollen. Dabei die Seiten einschlagen.
7. Eigelb und Sahne verrühren und den Strudel damit einpinseln.
8. Der Gemüsestrudel wird im vorgeheizten Ofen bei 175-200 Grad ca. 15-20 Minuten gebacken.
Der Strudel kann als Beilage oder aber mit einer Kräutersauce als Hauptgericht serviert werden.

PICCATA VON SELLERIE
(FÜR 2 PERSONEN)

1 kleine Sellerieknolle
Salz
Saft von ½ Zitrone
2 Eigelb
⅛ l Sahne
Pfeffer
Muskat
200 g frisch geriebener Parmesan
Butterschmalz oder Pflanzenöl zum Braten

1. Sellerie schälen, in ein Zentimeter dicke Scheiben schneiden und mit einem Keksausstecher Kreise ausstechen.
2. Die Selleriescheiben in mit Zitrone gesäuertem Salzwasser 3 bis 5 Minuten blanchieren, in Eiswasser abschrecken und abtropfen lassen.
3. Eigelb und Sahne verquirlen, mit Salz, Pfeffer und Muskat würzen.
4. Den Sellerie in die Eisahne tauchen, in Parmesan wälzen und in reichlich Fett goldgelb braten; auf Küchenkrepp abtropfen lassen.

Auf die leichte Mailänder Art

VOLLKORN-CRÊPES MIT GEMÜSE-RAGOUT
(FÜR 4 PERSONEN)

CRÊPES:

100 g sehr feines Weizen-Vollkornmehl
2 Eigelb
200 ml Sahne oder Milch
1 Bund gehackte Petersilie
Butter zum Backen

RAGOUT:

400 g gemischtes Gemüse nach Wahl
4 EL geklärte Butter
Salz
1 Prise Zucker
Muskat
¼ l Sahne
¼ l Rinderbrühe
2 EL Weißweinessig
60 ml Weißwein
1 Bund gehackter Kerbel
Kerbel zum Garnieren

1. Aus Mehl, Eigelb und Sahne einen Teig schlagen; die Petersilie unterziehen und den Teig eine halbe Stunde quellen lassen.
2. Das Gemüse putzen und vorbereiten; je nach Sorte in Röschen teilen, Kugeln ausstechen oder aber dekorativ zurechtschneiden. Anschließend blanchieren, abschrecken und abtropfen lassen.
3. Das Gemüse in geklärter Butter anschwitzen, würzen, herausnehmen und warm stellen.
4. Den Fond mit Sahne, Brühe, Essig und Wein ablöschen; auf ein Drittel einkochen.
5. Das Gemüse und den gehackten Kerbel in die Sauce geben.
6. Aus dem Teig 4 Crêpes backen, mit dem Gemüseragout füllen und mit Kerbel garnieren.

PANIERTE AUBERGINEN-SCHEIBEN
(FÜR 2 PERSONEN)

3 EL gemischte Kräuter (Thymian, Rosmarin, Petersilie und Salbei)
1 kleine Knoblauchzehe
100 g Vollkorn-Paniermehl
1 Ei
Salz, Pfeffer
1 große Aubergine
Olivenöl zum Braten

1. Die Kräuter hakken. Knoblauch durch eine Presse drücken und mit den Kräutern sowie dem Paniermehl mischen.
2. Ei, Salz und Pfeffer verquirlen.
3. Die Aubergine waschen, abtrocknen und in Scheiben schneiden.
4. Die Gemüsescheiben erst in Ei, dann in der Paniermehlmischung wälzen.
5. Bei geringer Hitze in Olivenöl von beiden Seiten braten.

Tip: Die panierten Auberginenscheiben passen besonders gut zu Lammgerichten.

VON OBEN NACH UNTEN

Die leicht pikanten Steckrüben sind besser als ihr in Notzeiten erworbener Ruf.

Das Schneiden der Knollen in feine Streifen ermöglicht ein schnelles Garen.

Der Eigengeschmack der Steckrüben wird durch die Sahnesauce abgerundet.

NUDELN VON STECKRÜBEN

(FÜR 2 PERSONEN)

300 g Steckrübe
Salz
1/8 l Sahne
weißer Pfeffer
Muskat
2 EL Schnittlauchröllchen

1. Die Steckrübe schälen, waschen, in dünne Scheiben und dann in ein Zentimeter breite Streifen schneiden.
2. In Salzwasser ca. 1-2 Minuten blanchieren, abgießen und abtropfen lassen.
3. Die Steckrübennudeln mit der Sahne aufkochen, zwei Minuten köcheln lassen, mit Salz, Pfeffer und Muskat abschmecken. Vom Herd nehmen und den Schnittlauch zugeben.

Als Beilage zu gebratenem Geflügel reichen.

Die Verwandlung einer schlichten Rübe

RAGOUT VON PAPRIKA, PERLZWIEBELN UND OLIVEN
(FÜR 4 PERSONEN)

2 grüne Paprikaschoten
150 g Perlzwiebeln
200 g Schafskäse (Feta)
100 g grüne Oliven ohne Kerne
100 g schwarze Oliven ohne Kerne
4 EL Olivenöl
¼ l Rinderbrühe
4 EL provenzalische Olivenpaste (Tapenade)
Salz
Pfeffer

1. Die Paprika halbieren, entkernen und in zwei Zentimeter große Würfel schneiden.
2. Die Perlzwiebeln schälen und blanchieren. Feta in Würfel schneiden.
3. Paprika, Oliven, Zwiebeln und Feta im Olivenöl anschwitzen, herausnehmen und warm stellen.
4. Den Fond mit Brühe und Olivenpaste ablöschen und auf ein Drittel einkochen.
5. Gemüse und Käse kurz im reduzierten Fond erhitzen und evtl. abschmecken (das ist meist nicht nötig, weil Oliven und Feta ohnehin recht salzig sind).

SCHWARZWURZELN IN SAHNESAUCE
(FÜR 4 PERSONEN)

800 g Schwarzwurzeln
Saft von 2 Zitronen
¼ l Milch
¼ l Weißwein
¼ l Wasser
8 große Mangoldblätter
Salz
250 g Crème fraîche
weißer Pfeffer
Muskat
50 g Butter

1. Die gewaschenen Schwarzwurzeln schälen, mit Zitronensaft bepinseln und kurze Zeit in ein Gemisch aus Milch und der gleichen Menge Wasser legen.
2. Die Wurzeln kalt abspülen und mit Wein und Wasser aufsetzen. Zugedeckt bei mittlerer Hitze je nach Dicke 5-10 Minuten garen.
3. Die Mangoldblätter in Streifen schneiden, in Salzwasser blanchieren, in Eiswasser abschrecken und abtropfen lassen.
4. Die Wurzeln aus dem Topf nehmen, Crème fraîche in den Fond rühren, auf ein Drittel reduzieren, mit Salz, Pfeffer, Muskat und Zitronensaft abschmecken.
5. Wurzeln und Mangoldblätter in die Sauce geben, aufkochen, herausnehmen und anrichten.
6. Die kalte Butter flockenweise mit dem Schneebesen oder dem Stabmixer in die Sauce einarbeiten.
7. Die Wurzeln mit der fertigen Sauce übergießen.

Als Beilage zu Fisch und Meeresfrüchten reichen.

Da paßt der Name »Winterspargel«

WEISSKOHL MIT ÄPFELN UND SCHINKEN
(FÜR 4 PERSONEN)

4 große Blätter und
250 g Weißkohl
Salz
250 g Kartoffeln
250 g Äpfel
2 Schalotten
25 g Butter
Pfeffer
Muskat
1/4 l Kalbsfond
200 g magerer gekochter Schinken
2 Eigelb

1. Die Blätter zum Rollen und die für die Füllung wie bei der Wirsingroulade (s. S. 185) vorbereiten. Die Blätter für die Füllung in Streifen schneiden.
2. Die Kartoffeln schälen und in 1 Zentimeter große Würfel schneiden; in Salzwasser blanchieren, bis sie knapp gar sind, abgießen und in Eiswasser abschrekken. Die Äpfel schälen und ebenfalls in Würfel schneiden.
3. Die Schalotten schälen, feinwürfeln und in der Butter anschwitzen; die Kohlstreifen dazugeben und ebenfalls anschwitzen; mit Pfeffer und Muskat abschmecken, mit der Brühe ablöschen.
4. Äpfel, Kartoffeln und Schinken dazugeben. Vom Herd nehmen, die verquirlten Eigelb zugeben und unter Rühren erhitzen, bis die Masse leicht gebunden ist.
5. Die Masse in die Kohlblätter rollen, in Alufolie packen und im Wasserbad im Backofen bei 200 Grad 15 Minuten pochieren. Mit einer Meerrettichsahne servieren.

ROTKRAUT MIT ENTE
(FÜR 4 PERSONEN)

4 große Blätter und
250 g Rotkohl
4 Entenkeulen, in Geflügelfond gegart
100 g Backpflaumen
1 Schalotte
25 g Butter
1/8 l Rotwein
1/8 l Geflügelfond
2 EL Rotweinessig
Salz, Pfeffer
50 g Rosinen

1. Die Blätter zum Einrollen und für die Füllung wie bei der Wirsingroulade (s. S. 185) vorbereiten.
2. Die Entenkeulen auslösen, enthäuten und das Fleisch in Würfel schneiden. Die Pflaumen entsteinen und würfeln.
3. Die Schalotte schälen, feinwürfeln und in der Butter in einer Kasserolle anschwitzen. Die Kohlstreifen dazugeben und ebenfalls anschwitzen.
4. Mit Rotwein, Geflügelfond und Essig ablöschen, mit Salz und Pfeffer abschmecken; eine halbe Stunde köcheln lassen.
5. Vom Herd nehmen und Pflaumen, Rosinen sowie Entenfleisch untermischen.
6. Die Füllung in die Blätter rollen, in Alufolie wickeln und im Wasserbad im Backofen bei 200 Grad 20 Minuten pochieren. Mit einer Rotweinsauce servieren.

In Kohl gut gewickelt

FOTO GANZ OBEN

WIRSING MIT PFIFFERLINGEN

(FÜR 4 PERSONEN)

1 Kopf Wirsing
Salz

FÜLLUNG:

150 g Rindermark
2 Schalotten
200 g Pfifferlinge
25 g Butter
1 Ei
1 Eigelb
4 EL feingehackte Petersilie
2-3 EL Paniermehl
Salz, Pfeffer
Muskat
1 frisches Schweinenetz
geklärte Butter zum Braten

1. Den Wirsing putzen. 4 schöne große Blätter ablösen, in reichlich Salzwasser 1 Minute blanchieren, in Eiswasser abschrecken, abtropfen lassen und trockentupfen; die dicken Mittelrippen der Blätter flachschneiden.

2. Das Mark aus den Knochen herausdrücken, in Würfel schneiden und in einer Pfanne bei mittlerer Hitze zerlassen. Die Schalotten schälen und feinwürfeln; Pfifferlinge putzen, größere Pilze kleinschneiden.

3. Die Schalotten in der Butter anschwitzen und glasig werden lassen; die Pilze dazugeben und ebenfalls anschwitzen, vom Herd nehmen.

4. Ei und Eigelb schaumig schlagen, das Mark, die Petersilie, Pfifferlinge und Schalotten dazugeben.

5. Die Mischung mit Paniermehl binden, mit Salz, Pfeffer und Muskatnuß würzen.

6. Aus dieser Füllmasse vier Rollen formen, auf die Wirsingblätter legen und dicht einschlagen.

7. Jede Roulade in ein passend geschnittenes Stück Schweinenetz wickeln.

8. Die Wirsingrouladen in der Pfanne in geklärter Butter rundum anbraten, im Ofen bei 200 Grad 10 Minuten garen.

Dazu Pfifferlinge reichen, in Butter mit etwas Schalotte gebraten. Als Sauce Kalbsfond.

CHINAKOHL MIT SELLERIE UND MÖHREN

(FÜR 4 PERSONEN)

1 großer Kopf Chinakohl
Salz
250 g Möhren
250 g Sellerieknolle
2 Schalotten
25 g Butter
Pfeffer
Muskat
125 ml Sahne
4 Eigelb
1 Bund Schnittlauch

1. Acht große Kohlblätter ablösen, 1 Minute in Salzwasser blanchieren, in Eiswasser abschrecken, abtropfen lassen und die dicken Mittelrippen flachschneiden.

2. 250 g Kohl in sehr feine Streifen schneiden, 1 Minute in Salzwasser blanchieren, in Eiswasser abschrecken und abtropfen lassen.

3. Möhren und Sellerie putzen und in 5 Millimeter große Würfel schneiden, in Salzwasser 30 Sekunden blanchieren, in Eiswasser abschrecken und abtropfen lassen.

4. Die Schalotte schälen, feinwürfeln und in der Butter anschwitzen. Möhren, Sellerie und Kohlstreifen dazugeben, ebenfalls anschwitzen. Mit Salz, Pfeffer und Muskat würzen.

5. Mit der Sahne ablöschen und etwas einkochen lassen. Das verquirlte Eigelb zugeben und bei schwacher Hitze rühren, bis die Mischung sämig ist. Den Schnittlauch unterziehen.

6. Diese Masse in die Kohlblätter rollen. Jedes Röllchen in ein Stück gebutterte Alufolie wickeln; durch mehrfaches Falzen fest verschließen.

7. Kochendes Salzwasser in einen Bräter füllen, die Röllchen hineingeben und im Backofen bei 200 Grad 15 Minuten pochieren.

Dazu eine Schnittlauch- oder Kräutersahnesauce reichen.

LAUCH MIT ÄPFELN UND SONNENBLUMEN-KERNEN
(FÜR 4 PERSONEN)

500 g Lauch
500 g Äpfel
geklärte Butter zum Anschwitzen
⅛ l Geflügelfond
125 g Crème fraîche
Salz
Pfeffer
Muskat
50 g geröstete Sonnenblumenkerne
evtl. etwas Pfeilwurzelmehl zum Binden

1. Den Lauch putzen, waschen und in Ringe schneiden. Die Äpfel schälen, vierteln, vom Kerngehäuse befreien und in Scheiben schneiden. Beides kurz in geklärter Butter anschwitzen.
2. Mit dem Geflügelfond ablöschen. Crème fraîche einrühren, mit Salz, Pfeffer sowie Muskat würzen und 5 Minuten köcheln lassen.
3. Die Sonnenblumenkerne zugeben. Das Gemüse, falls nötig, mit etwas in kaltem Wasser angerührten Pfeilwurzelmehl binden.

Das Lauch-Apfelgemüse ist eine passende Beilage zu kurzgebratenem Fleisch oder Lebergerichten.

ROSENKOHL-BLÄTTER IN SAHNESAUCE
(FÜR 2 PERSONEN)

400 g Rosenkohl
Salz
¼ l Sahne
40 ml Noilly Prat
50 g Butter
Pfeffer
Muskat

1. Rosenkohl putzen, waschen, in einzelne Blätter teilen und in Salzwasser 30 Sekunden blanchieren. Anschließend abschrekken und abtropfen lassen.
2. Sahne und Noilly Prat aufkochen, auf ein Viertel reduzieren und Butter sowie Gewürze einrühren.
3. Die Rosenkohlblätter dazugeben und kurz in der Sauce erhitzen.

Als Beilage zu hellem Fleisch, Kaninchen und Geflügel geeignet.

RAGOUT VON MARONENPILZEN, ZWIEBELN UND APFELWÜRFELN
(FÜR 2 PERSONEN)

300 g kleine Maronen
2 kleine Zwiebeln
geklärte Butter zum Anschwitzen
2 Äpfel
80 ml Apfelsaft
Salz
Pfeffer

1. Die Maronen putzen. Die Zwiebeln häuten und in Ringe schneiden. Beides in geklärter Butter anschwitzen.
2. Die Äpfel schälen, vierteln, vom Kerngehäuse befreien und in Würfel schneiden. Zu dem Gemüse geben und kurz mitdünsten.
3. Mit Apfelsaft ablöschen und mit Salz und Pfeffer würzen.

Ich serviere dieses Ragout zu Kalbsleber, Wild oder Taube.

GEBACKENER CHICOREE
(FÜR 4 PERSONEN)

4 Stangen Chicoree
4 EL geklärte Butter
Salz
Pfeffer
4 hartgekochte Eier
1 Bund Kerbel

1. Chicoree putzen, Strunk entfernen und waschen. In der Pfanne in geklärter Butter rundum kurz anschwitzen; würzen und im Ofen bei 180 Grad 10 bis 15 Minuten garen.
2. Eier und Kerbel feinhacken, kurz in Butter anschwitzen und über den Chicoree geben.

Der gebackene Chicoree läßt sich gut als Vorspeise servieren.

ZUCCHINI-GRATIN
(FÜR 6 PERSONEN)

500 g Zucchini
Salz
2 Schalotten
1 Bund Petersilie
2 Eier
2 EL Vollkornmehl
Pfeffer
Muskat
Butter für das Blech

1. Die Zucchini waschen und auf einer groben Reibe raffeln, leicht salzen und eine halbe Stunde ruhen lassen.
2. Die Schalotten schälen und feinwürfeln; die Petersilie waschen, gut abtrocknen und feinhacken.
3. Aus den Zucchini das durch das Salz gezogene Wasser auspressen. Mit Eiern, Mehl, Schalotten und Petersilie vermengen; mit Salz, Pfeffer und Muskat abschmecken.
4. Ein Blech von 25 x 40 Zentimeter fetten. Die Zucchinimasse etwa 2 Zentimeter dick auf das Blech streichen. Das Gratin im vorgeheizten Ofen bei 200 Grad 20 bis 25 Minuten backen.

Das Zucchini-Gratin als Beilage zu gebratenem Fleisch reichen, besonders zu Lamm.

GEMÜSEBLÄTTER MIT SPROSSEN
(FÜR 8 PERSONEN)

1 Chinakohl
500 g Quark
200 g Joghurt
2 gewürfelte Schalotten
1 Bund Schnittlauch in Röllchen
100 g Alfalfasprossen
100 g Mungobohnensprossen
100 g Linsensprossen
50 g Radieschensprossen
50 g Senfsprossen
2 EL Senf
Salz
weißer Pfeffer
Zitronensaft

1. Die geputzten einzelnen Kohlblätter ca. 1 Minute in Salzwasser blanchieren, in Eiswasser abschrecken und abtropfen lassen. Die Mittelrippe der Blätter flachschneiden.
2. Quark und Joghurt verrühren. Schalottenwürfel und Schnittlauchröllchen zugeben. Zum Schluß vorsichtig die Sprossen unterheben. Mit Senf, Salz, weißem Pfeffer aus der Mühle und Zitronensaft abschmekken.
3. Die Masse auf die abgetropften Kohlblätter geben und diese vorsichtig aufrollen; dabei die Seiten einschlagen.
4. Die gefüllten Kohlblätter in Alufolie wickeln und zwei Stunden kühlen. Im Ganzen oder aufgeschnitten sind die mit Sprossen gefüllten Blätter eine außergewöhnliche Vorspeise.

GRATIN VON ROTER BETE
(FÜR 4 PERSONEN)

4 Rote Beten
4 große Kartoffeln
¼ l Sahne
Salz
Pfeffer
Muskat
1 Knoblauchzehe, gepreßt
1 Eigelb
Fett für die Form

1. Die gewaschenen Roten Beten ca. 1 Stunde kochen. Anschließend schälen und in gleichgroße Scheiben schneiden.
2. Die Kartoffeln schälen, waschen und roh in Scheiben schneiden (Größe wie bei den Roten Beten).
3. Die Sahne aufkochen, vom Herd nehmen, würzen und mit dem Eigelb verrühren.
4. Die Rote Bete- und Kartoffelscheiben abwechselnd in eine gefettete Auflaufform schichten und die Sahne darübergießen.
5. Im vorgeheizten Ofen bei 200 Grad ca. 30 Minuten backen.

Paßt als Beilage zu Fischgerichten und zu hellen sowie dunklen Fleischgerichten.

AUFLAUF VON LAUCH
(FÜR 4 PERSONEN)

1 kg Lauch
50 g geröstete Kürbiskerne
500 g Quark
100 g geriebener Emmentaler
⅛ l Sahne
3 Eigelb
Salz
weißer Pfeffer
Muskat
3 Eiweiß
Fett für die Form

1. Den Lauch putzen, waschen und in Ringe schneiden. In Salzwasser ca. 30 Sekunden blanchieren, in kaltem Wasser abschrecken und ausdrücken.
2. Kürbiskerne ohne Fett kurz anrösten.
3. Den Quark mit 50 g Käse, Sahne und Eigelb verrühren. Mit Salz, Pfeffer aus der Mühle und Muskat abschmecken.
4. Das Eiweiß zu festem Schnee schlagen und unter die Masse heben.
5. Eine mittelgroße Auflaufform fetten und die Hälfte der Quarkmasse einfüllen. Den Lauch und die gerösteten Kürbiskerne darauf verteilen. Abschließend den Rest Quark einfüllen.
6. Den Auflauf mit Käse bestreuen, mit Alufolie abdecken und im vorgeheizten Ofen bei 200 Grad 20 Minuten backen. Die Folie abnehmen und den Auflauf nochmals 15 Minuten in den Backofen schieben.

Tip: Probieren Sie diesen Auflauf auch einmal mit Zucchini.

BROKKOLIPÜREE
(FÜR 6 PERSONEN)

1 kg Brokkoli
2 Schalotten
50 g Butter
¼ l Rinderbrühe
Salz
Pfeffer
Muskat
⅛ l geschlagene Sahne

1. Den Brokkoli putzen und die Stiele von den Röschen trennen. Waschen und abtropfen lassen.
2. Zwei Schalotten häuten, in Ringe schneiden und in 20 g Butter anschwitzen. Die kleingeschnittenen Brokkolistiele zugeben und kurz mitschwitzen.
3. Die Brühe angießen und das Gemüse köcheln, bis der Brokkoli weich ist. Anschließend im Mixer pürieren und durch ein Sieb streichen.
4. Die Brokkoliröschen 1-2 Minuten in Salzwasser blanchieren.
5. Das Gemüsepüree vorsichtig erwärmen. Die restliche Butter zugeben und abschmekken. Zum Schluß die geschlagene Sahne und die Brokkoliröschen unterheben.

Tip: Zum Servieren wird das Brokkolipüree mit einem heißen Löffel ausgestochen.

Neu entdeckt: Kartoffeln, Nudeln und Reis

Als »Beilagen« führten Sie ein Schattendasein auf den Speisekarten. Das neue Ernährungsbewußtsein stellt diese wertvollen Produkte an den Platz, der ihnen gebührt: in den Mittelpunkt.

Reisplätzchen mit Gemüsevinaigrette: eine fantasievolle, leckere Kleinigkeit. *Rezept auf S. 192.*

VON DER "SÄTTIGUNGSBEILAGE" ZUR FITNESSKOST

Der Begriff "Sättigungsbeilage" stammt aus dem Jargon der Massenverpfleger.
Der Magen des Essensteilnehmers soll mit Stärke, meist im Verein mit fettiger Soße, gefüllt werden. Von Genuß und Wohlbefinden klingt da nichts mit.

Die Schlankheitswelle fiel ins andere Extrem und verteufelte die wertvollen Stärketräger. Erst die fitneßbewußte Sportlerernährung rehabilitierte die Kartoffel, holte (ungeschälten) Reis und (Vollkorn-) Teigwaren aus der Verbannung und machte sie im Verein mit Gemüsen zum Hauptbestandteil einer Mahlzeit.
Kohlenhydratreiche Lebensmittel sind Fitneßkost — vorausgesetzt, sie stammen überwiegend aus ballaststoffreichen Stärketrägern. Mit dieser Energiequelle können Muskeln, Nerven und Gehirnzellen am besten arbeiten. Stärke im Verbund mit Ballaststoffen stellt die Energie gleichmäßig bereit und sorgt für eine Sättigung ohne Fettbelastung und für anhaltende Leistung.
Über Geschmack und Nährwert der Stärketräger entscheidet die Zubereitung: Reis, mit gerade soviel Flüssigkeit gegart, wie er zum Ausquellen braucht, ist locker und körnig; "al dente" gekochte Nudeln, in der Schale oder mit wenig Wasser gegarte Kartoffeln haben Eigengeschmack und dazu eine hohe Nährstoffdichte.

◀ FOTO S. 190-191

VOLLKORN-NUDELN MIT TRÜFFELN

(FÜR 6 PERSONEN)

1 Rezept Vollkorn-nudeln (s. S. 195)
2 Schalotten
50 g Butter
½ l Gemüsebrühe
¼ l Sahne
Salz
Pfeffer
Muskat
Trüffel nach Belieben

1. Den Nudelteig wie auf Seite 195 beschrieben herstellen. Nudeln die gewünschte Form geben und garen.
2. Die Schalotten häuten, würfeln und in etwas Butter anschwitzen.
3. Brühe und Sahne angießen und die Sauce um ein Drittel einkochen. Anschließend durch ein Sieb abseihen und mit Salz, Pfeffer sowie Muskat würzen.
4. Die restliche Butter zugeben und die Sauce mit dem Stabmixer schaumig aufschlagen.
5. Die Sauce auf vorgewärmten Tellern anrichten, die gut abgetropften Nudeln daraufgeben und die Trüffel darüberhobeln.

FOTO S. 189

REISPLÄTZCHEN

(FÜR 4 PERSONEN)

200 g Natur- oder Wildreis
Salz
2 Schalotten, feingewürfelt
50 g frisch geriebener Parmesan
2 Eier
50 g Paniermehl
Pfeffer
1 Bund Schnittlauch
geklärte Butter zum Braten

1. Den Reis mit einer Prise Salz und einem halben Liter Wasser im Schnellkochtopf in ca. 20 Minuten garen; abkühlen lassen.
2. Die übrigen Zutaten mit dem Reis mischen. Aus der Masse knapp einen Zentimeter dicke Plätzchen von 5 Zentimeter Durchmesser formen; in geklärter Butter von beiden Seiten goldbraun braten. Als Beilage zu Gemüseragouts, zu Fisch- oder Geflügelgerichten servieren. Auf dem Foto sind die Plätzchen auf einer Vinaigrette mit einer Einlage von feingewürfelter Paprika angerichtet.

PAELLA AUF MEINE ART
(FÜR 6 PERSONEN)

300 g Wild- oder Naturreis
Salz
200 g ausgepalte Erbsen
3 gelbe Paprikaschoten
500 g Muscheln (Herz-, Venus- und Miesmuscheln gemischt)
18 ausgelöste Langostinoschwänze
6 zerteilte, entbeinte Wachteln
4 Rotbarben à 300 g, geschuppt und filiert
Pfeffer
Olivenöl
4 Portionen Safranpulver
6 Tomaten, abgezogen, entkernt und gewürfelt

SAFRANSCHAUM:
½ l Fischfond
¼ l Sahne
4 EL Noilly Prat
1 Portion Safranpulver
1 EL Zitronensaft
4 EL geschlagene Sahne

1. Den Wildreis im Schnellkochtopf mit einer Prise Salz und ¾ l Wasser in ca. 20 Minuten garen. Die Erbsen blanchieren. Die Paprikaschoten entkernen und feinwürfeln.

2. Die Muscheln verlesen und gründlich abbürsten. Kalkrückstände sowie Bart entfernen und die Muscheln mit wenig Wasser in einem geschlossenen Topf dämpfen, bis sie sich geöffnet haben. Geschlossene Muscheln aussondern.

3. Langostinos, Wachteln und Rotbarben salzen und pfeffern, getrennt in Olivenöl braten und warmstellen.

4. Den Wildreis mit 4 EL Olivenöl und 4 Portionen Safranpulver anschwitzen. Erbsen, Paprika und zuletzt die Tomatenwürfel dazugeben; eventuell nochmals abschmecken.

5. Den Reis auf heiße Teller verteilen, Muscheln, Wachteln, Langostinos und Rotbarbenstücke darauf anrichten.

6. Für den Safranschaum alle Zutaten bis auf die geschlagene Sahne aufkochen und um ein Drittel einkochen lassen. Zusammen mit der Sahne schaumig aufschlagen. Die Paellaportionen damit nappieren.

Wildreis in bester Gesellschaft

VOLLKORN-NUDELN (GRUNDREZEPT)

FÜR 6 PERSONEN
ALS HAUPTGERICHT)

400 g feines Weizen-Vollkornmehl
100 g Hartweizengrieß
5 Eier
1 TL Salz
2 EL Olivenöl
Mehl zum Ausrollen

1. Alle Zutaten gründlich zu einem elastischen Teig verkneten. Wenn er noch klebrig ist, zusätzlich etwas Mehl einkneten, das man auf die Arbeitsfläche streut.
2. Den Teig zur Kugel formen, in Folie wikkeln und zwei Stunden an einem nicht zu kühlen Ort ruhen lassen.
3. Anschließend wird der Teig mit dem Nudelholz oder zwischen den Walzen einer Nudelmaschine sehr dünn ausgerollt – bei der Nudelmaschine die Walzen schrittweise enger stellen.
4. Die Teigfladen in die gewünschte Form schneiden.
5. Die Vollkornnudeln in reichlich Salzwasser, dem man einige Tropfen Öl beigegeben hat, kochen. Die Nudeln sind gar, wenn sie an die Oberfläche steigen. Nudeln auf einen Durchschlag abgießen und kalt abschrecken. Nach Wahl in Butter oder Öl schwenken oder mit der gewünschten Sauce servieren.

Durch würzende und färbende Zutaten zum Teig läßt sich das Grundrezept für Nudeln vielfach variieren, zum Beispiel zu

TOMATENNUDELN:

2 Eßlöffel Tomatenmark in den Teig einarbeiten.

STEINPILZNUDELN:

20 g getrocknete Steinpilze in der Messermühle fein mahlen und in den Teig einkneten.

SPINATNUDELN:

100 g blanchierten, sehr gut ausgedrückten Spinat mit den Eiern mixen, ehe diese zum Teig gegeben werden.

KRÄUTERNUDELN:

50 g frische Kräuter – sortenrein oder gemischt – mit den Eiern mixen und zum Teig geben. Besonders lecker sind z. B. Basilikumnudeln zu Tomatensauce oder Salbeinudeln zu gebratenem Geflügel.

SAFRANNUDELN:

4 Portionen Safranpulver (jedes Briefchen oder Döschen enthält 0,125 g) mit den Eiern verquirlen und in den Teig einarbeiten.

MOHNNUDELN:

50 g Mohnsamen ohne Fett rösten und in den Nudelteig kneten.

Das Spiel mit bunten Bändern

Mit Feingefühl geschichtet: Erdäpfel

KARTOFFEL-GRATIN
(FÜR 6 PERSONEN)

1 kg festkochende Kartoffeln
zerlassene Butter für die Form
⅛ l Rinderbrühe
⅛ l Sahne
Salz
Pfeffer
Muskat
1 Bund gehackte Petersilie
1 Bund Schnittlauch in Röllchen
200 g geriebener Käse nach Wahl (z. B. Gouda, Emmentaler oder Greyerzer)

1. Die Kartoffeln schälen und in dünne Scheiben schneiden.
2. Eine Gratinform mit Butter auspinseln. Die Rinderbrühe und die Sahne aufkochen. Mit Salz, Pfeffer und Muskat würzen. Zum Schluß die Kräuter einrühren.
3. Die Hälfte der Kartoffeln schuppenartig in die Form schichten, mit der Hälfte des Käses bestreuen und mit der Hälfte der Kräutersahne begießen.
4. Auf die gleiche Weise eine zweite Lage einschichten.
5. Im vorgeheizten Ofen bei 200 Grad ca. 45 Minuten backen. Wenn statt roher gekochte Kartoffeln verwendet werden, verkürzt sich die Garzeit auf ca. 30 Minuten.

VARIATIONEN:

Für das klassische Gratin Dauphinois die Form mit einer halbierten Knoblauchzehe ausreiben, für den Guß halb Milch, halb Sahne verwenden und die Kräuter weglassen.

Für ein Trüffelgratin die Pilze in Scheiben schneiden und zwischen die Kartoffeln schichten. Im vorigen Jahrhundert, als die kostbaren Pilze noch nicht so rar waren wie heute, nahm man dafür Trüffel und Kartoffeln im Verhältnis 1:1!

GETRÜFFELTES KARTOFFEL-PÜREE
(FÜR 6 PERSONEN)

1 kg mehlige Kartoffeln
Salz
¼ l Sahne oder Milch
50 g Butter
weißer Pfeffer
Muskat
weiße oder schwarze Trüffel nach Gusto und Budget

1. Die Kartoffeln schälen, in Salzwasser kochen und durch die Presse drücken.
2. Sahne erhitzen, die Butter darin zerlassen, mit Salz, Pfeffer und Muskatnuß würzen.
3. Die Trüffel reiben oder feinhacken.
4. Die Sahnemischung unter die Kartoffeln rühren. Je nach Kartoffelsorte wird davon mehr oder weniger gebraucht. Das Püree soll sämig sein.
5. Die Trüffel in das Püree rühren, das Püree in einen Spritzbeutel mit großer Sterntülle füllen und als Rosetten auf die Teller spritzen. Nach Belieben mit gehobelten Trüffeln garnieren.
Als Beilage zu gebratenem Geflügel oder Wild reichen.

Tip: Die Trüffel können auch durch Steinpilze oder Morcheln ersetzt werden.

Das Bündel geschnürt

SERVIETTEN-KNÖDEL

(FÜR 6 PERSONEN)

500 g altbackenes Weißbrot
½ l Sahne oder Milch
4 Eier
1 Bund Kräuter (Basilikum, Kerbel oder Petersilie, auch gemischt)
Salz, Pfeffer
Muskat
geklärte Butter zum Braten

1. Das Brot in Würfel schneiden und in der Sahne einweichen.
2. Eier, Kräuter und Gewürze im Mixer aufschlagen.
3. Die Eiermischung mit dem eingeweichten Brot vermengen, zur Kugel oder Rolle formen, in eine feuchte Serviette einschlagen und mit Küchengarn zubinden.
4. Das Bündel an einen Kochlöffel binden und in einen Topf mit sanft siedendem Salzwasser hängen. 35-40 Minuten garen.
5. Das Bündel unter kaltem Wasser abschrecken, auswickeln und abkühlen lassen.
6. Den Serviettenknödel in Scheiben schneiden und in geklärter Butter braten.
Die aufgebratenen Knödelscheiben als Beilage zu Wildgerichten servieren.

VARIATIONEN:

Die Masse je zur Hälfte aus Weißbrot und Mehrkornbrot oder ganz aus Mehrkornbrot ohne Rinde herstellen. Als Einlage statt der Kräuter eine Handvoll gerösteter Pinienkerne verwenden. Die Rolle mit einem Kern aus Mehrkornbrot und einem Mantel aus Weißbrot formen.

Brot und Sahne, Eier und Kräuter: Die Zutaten für den Serviettenknödel.

Zunächst wird das Brot in der Sahne oder Milch eingeweicht, dann gibt man Eier und Kräuter dazu.

Alles muß gründlich vermengt werden. Ist die Masse am Ende zu klebrig, arbeitet man noch etwas Paniermehl ein.

Die Knödelmasse fest in eine gut angefeuchtete Serviette einschlagen und sicher verschnüren.

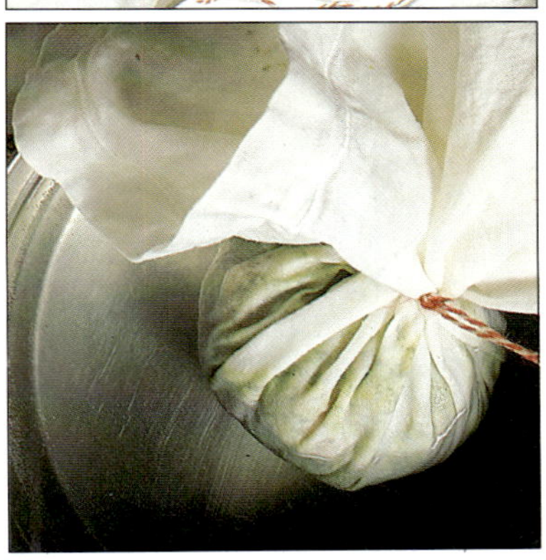

Der Serviettenknödel wird im Topf hängend gegart – das Bündel darf den Topfboden nicht berühren.

KARTOFFEL-PLÄTZCHEN MIT SCHNITTLAUCH

(FÜR 2 PERSONEN)

300 g Kartoffeln
2 Eigelb
1 Schalotte
2 EL Schnittlauch-röllchen
Salz
Pfeffer
Erdnußöl zum Backen

1. Die Kartoffeln schälen, waschen, grob reiben und das Wasser etwas ausdrücken.
2. Eigelb, die feingewürfelte Schalotte und die Schnittlauchröllchen einarbeiten; mit Salz und Pfeffer würzen.
3. Öl in einer Pfanne erhitzen, die Kartoffelmasse zu Plätzchen geformt oder aber eßlöffelweise hineingeben und von beiden Seiten goldgeld backen.
4. Auf Küchenkrepp abtropfen lassen und mit Schnittlauch bestreuen.
Zu Lachstatar oder gebratenem oder gegrilltem Fleisch, besonders Lamm, servieren.

Die Kartoffeln schälen, waschen und reiben.

Die geriebenen Kartoffeln in einem Küchenhandtuch ausdrücken.

Mit Eigelb, Schalotte und Schnittlauch vermengen; mit Salz und Pfeffer würzen.

Die Masse zu Plätzchen formen, dann in der Pfanne ausbacken.

Die Kartoffelplätzchen werden mit Schnittlauch bestreut serviert.

Die Kartoffeln schälen, schneiden und in Salzwasser garen.

Die Kartoffeln durch die Presse drücken, mit Mohn, Mehl bzw. Grieß, Ei und Mascarpone vermengen. Abschmecken.

Auf einer bemehlten Fläche eine gut fingerdicke Rolle formen. Gnocchi schneiden.

Die Gnocchi in Salzwasser garen bis sie an die Oberfläche steigen.

Unmittelbar vor dem Servieren in geklärter Butter bräunen.

GNOCCHI MIT MOHN

(FÜR 6 PERSONEN)

500 g mehlige Kartoffeln
Salz
50 g Mohnsamen
75 g Vollkornmehl oder Weizengrieß
1 Ei
2 EL Mascarpone
weißer Pfeffer
Muskat
Mehl zum Ausrollen
2 EL Erdnußöl
geklärte Butter zum Braten

1. Die Kartoffeln schälen, in Salzwasser kochen, durch die Presse drücken und abdampfen lassen. Den Mohn in einer beschichteten Pfanne ohne Fett leicht rösten.
2. Kartoffeln, Mohn, Mehl bzw. Grieß, Ei und Mascarpone verkneten; mit Salz, Pfeffer und Muskat abschmecken.
3. Auf einer bemehlten Fläche aus der Masse eine gut fingerdicke Rolle formen und zwei Zentimeter lange Stücke abschneiden.
4. In Salzwasser garen, bis die Gnocchi an die Oberfläche steigen. Kalt abschrecken und, falls sie nicht gleich weiterverarbeitet werden, kurz in Öl schwenken.
5. Vor dem Servieren die Gnocchi in geklärter Butter bräunen.
Als Beilage zu gebratenem Fleisch oder Geflügel.

VARIATIONEN:

Statt mit Mohn kann man die Gnocchi auch mit sehr fein gehackten Kräutern, mit gerösteten und gemahlenen Pinienkernen, mit gehacktem Kümmel oder mit Safranfäden bzw. -pulver würzen.

POLENTA
(FÜR 6 PERSONEN)

1,5 l Rinder- oder Geflügelbrühe
20 g Butter
Salz
Pfeffer
Muskat
300 g Maisgrieß
geklärte Butter zum Braten

1. Die Brühe mit der Butter und den Gewürzen aufkochen.
2. Den Maisgrieß einrühren und unter gelegentlichem Rühren bei schwacher Hitze (beim Elektroherd auf der ausgeschalteten Platte) ausquellen lassen.
3. Den Brei auf ein gefettetes Blech mit Rand streichen, erkalten und möglichst einen Tag ruhen lassen.
4. Die Polenta in Stükke schneiden oder mit Keksausstechern beliebige dekorative Formen ausstechen.
5. In geklärter Butter leicht bräunen.
Als Beilage zu Gemüse, Fleisch- oder Geflügelgerichten. Auch als Gratin, wenn man die Polentastücke mit Butterflocken und geriebenem Käse bestreut und kurz überbackt.

Tip: Achten Sie beim Einkauf darauf, daß Sie Vollkorn-Polenta bekommen. Sie ist ungleich gehaltvoller und schmackhafter als das Maismehl, aus dem bereits das Öl ausgepreßt wurde.

GRÜNKERN-PLÄTZCHEN
(FÜR 4 PERSONEN)

je 20 g Schalotte, Sellerieknolle und Möhre, feingewürfelt
1 EL Butter
250 g Grünkern
1 l Rinderbrühe
3 Eier
1 Bund glatte Petersilie, gehackt
Salz
Pfeffer
Semmelbrösel zum Panieren
Butter zum Backen

1. Das gewürfelte Gemüse in einer Kasserolle in der Butter leicht anschwitzen; den Grünkern zugeben, mit der Brühe ablöschen und unter gelegentlichem Rühren bei schwacher Hitze ausquellen lassen, bis der Grünkern weich ist.
2. In diese leicht abgekühlte Masse 2 verquirlte Eier und die Petersilie einarbeiten; mit Salz und Pfeffer abschmecken.
3. Die Masse ca. 1 Zentimeter dick auf ein gebuttertes Blech streichen und erkalten lassen.
4. Mit einem Keksausstecher beliebige Formen ausstechen; erst in verquirltem Ei, dann in frischen Semmelbröseln panieren.
5. In der Pfanne in aufschäumender Butter goldbraun backen und auf Küchenkrepp abtropfen lassen.
Als Beilage zu gebratenem Fleisch, zu Kräuterquark oder zu Lachstatar mit Crème fraîche und Kaviar.

Tip: Bis zum Ausstechen der Plätzchen können bei diesem Rezept die Vorbereitungen einige Stunden im voraus erledigt werden. Die Masse auf dem Blech mit Folie abdecken, um sie vor dem Austrocknen zu schützen.

HIRSE-KLÖSSCHEN
(FÜR 4 PERSONEN)

60 g Butter
250 g Quark
1 Ei
3 Eigelb
150 g Hirseflocken
2 Eiweiß
50 g geriebener Gouda
Salz
Pfeffer

1. Butter und Quark verrühren. Das ganze Ei und die drei Eigelb einarbeiten.
2. Die Hirse unterrühren und 30 Minuten quellen lassen.
3. Das Eiweiß steifschlagen und zusammen mit dem Käse unter die Hirse-Quarkmasse heben. Würzen.
4. Mit einem Eßlöffel Klöße abstechen und in Salzwasser 10 bis 15 Minuten garziehen lassen.
Als Beilage zu einem Gemüseteller; mit einer Käsesauce als Beilage zu Fisch oder Geflügel.

VARIATION:

Ohne Käse und Gewürze, mit etwas Fruchtzucker als süße Klößchen zu Kompott oder Beeren reichen.

ROGGEN-SPÄTZLE MIT GEMÜSE UND KÄSE
(FÜR 4 Personen)

SPÄTZLE:

125 g Roggenmehl
2 Eier
⅛ l Milch
Salz
Pfeffer
Muskat

GEMÜSE:

200 g gemischte Gemüseperlen nach Wahl (z. B. Möhren, Sellerie, Zucchini, Kohlrabi, mit einem Perlausstecher ausgestochen und kurz blanchiert)
geklärte Butter
200 g geriebener, mittelalter Gouda

1. Die Zutaten für die Spätzle mit dem Kochlöffel verrühren, bis der Teig Blasen schlägt; 1 Stunde quellen lassen und nochmal kräftig durchschlagen.
2. Ein Spätzlebrett in kochendes Wasser tauchen, den Teig mit einer Palette dünn aufstreichen und Streifen ins kochende Salzwasser schaben. Sie können auch eine Presse oder einen Spätzlehobel benutzen.
3. Die gegarten Spätzle mit einer Schaumkelle herausheben, kurz mit kaltem Wasser überbrausen und auf einem Durchschlag abtropfen lassen.
4. Die Gemüseperlen in geklärter Butter anschwitzen, die Spätzle dazugeben und durchschwenken.
5. Den geriebenen Käse unterheben, die Spätzle auf einer Servierplatte oder auf Portionsgeschirr anrichten und unter dem Grill kurz gratinieren.

SCHUPFNUDELN
(FÜR 6 PERSONEN)

400 g mehlige Kartoffeln
3 EL Weizengrieß
3 EL Weizen-Vollkornmehl
1 Ei
Salz
Pfeffer
Muskat
Mehl zum Ausrollen
geklärte Butter zum Braten

1. Die Kartoffeln schälen, in Salzwasser garen, durch die Presse drücken und abdampfen lassen.
2. Grieß, Mehl und Ei einarbeiten; mit Salz, Pfeffer und Muskat abschmecken.
3. Die Masse auf einer bemehlten Fläche ca. 1 cm dick ausrollen. 1 cm breite und 3 cm lange Streifen schneiden.
4. Die Streifen mit den Händen so rollen, daß sie an den Enden spitz zulaufen.
5. Die Schupfnudeln in sanft siedendem Salzwasser garziehen lassen, bis sie an die Oberfläche steigen; herausnehmen, unter kaltem Wasser abschrecken und abtropfen lassen.
6. Anschließend in geklärter Butter in der Pfanne bräunen.
Als Beilage zu Fleisch- und Geflügelgerichten reichen.

Tip: Will man die Schupfnudeln einige Stunden im voraus vorbereiten, empfiehlt es sich, sie nach dem Garen kurz in Öl zu schwenken; so kleben sie nicht aneinander.

LASAGNE MIT MOZZARELLA
(FÜR 6 PERSONEN ALS HAUPTGERICHT)

1 Rezept Vollkorn-Nudelteig (s. S. 195), ausgerollt und in Rechtecke geschnitten

FÜLLUNG:

500 g Ricotta
250 g Mozzarella in kleinen Würfeln
2 Schalotten, feingewürfelt
je 1 Bund Basilikum, Oregano und Petersilie, feingehackt
500 g Tomaten, abgezogen und gewürfelt
Salz, Pfeffer

SAUCE:

1 mittelgroße Zwiebel
2 Möhren
2 Stangen Bleichsellerie
4 Knoblauchzehen
4 EL Sonnenblumenöl
1 Bund Basilikum
1 Lorbeerblatt
Salz
Pfeffer
1,5 kg Tomaten
2 EL Tomatenmark
¼ l Weißwein
¼ l Sahne
100 g Parmesan
Butter für die Form

1. Ricotta durch ein Sieb streichen, Mozzarella, Schalotten, Kräuter und Tomaten unterheben und die Masse mit Salz und Pfeffer abschmecken.
2. Für die Sauce Zwiebel, Möhren, Sellerie und Knoblauch putzen, waschen, feinhakken und in Öl anschwitzen. Kräuter, Gewürze, die grobgehackten Tomaten und das Tomatenmark dazugeben; mit Weißwein sowie Sahne ablöschen und 15 Minuten köcheln lassen.
3. Das Lorbeerblatt entfernen. Die Sauce im Mixer pürieren und durch ein Sieb streichen. 80 g Parmesan unterheben.
4. Die Nudelrechtecke in Salzwasser garen, kalt abschrecken und abtropfen lassen.
5. Eine Auflaufform mit Butter ausstreichen, eine Lage Nudeln einlegen, mit Ricottacreme bestreichen und mit Tomatensauce überziehen.
6. Die restlichen Zutaten ebenso einschichten, bis alles verbraucht ist. Die Oberfläche mit dem verbliebenen Parmesan bestreuen.
7. Bei 200 Grad Ofentemperatur 30 bis 40 Minuten backen. Zum Servieren die geschichtete Lasagne in Rechtecke schneiden.

VARIATIONEN:

Für die Füllung Spinat, Tomaten und Käse, die gleiche Tomatensauce. Oder Pilzragout und eine mit Eigelb gebundene Sahnesauce.

HAFERFLOCKEN-OMELETTS
(FÜR 4 PERSONEN)

½ l Milch oder Sahne
Salz, Pfeffer
100 g Hafermehl
20 g Weizen-Vollkornmehl
50 g kernige Haferflocken
80 g Butter
4 Eier
geklärte Butter zum Backen

1. Milch oder Sahne mit Salz und Pfeffer würzen. Hafer- und Weizenmehl darin verrühren und 20 bis 30 Minuten quellen lassen.
2. Die Haferflocken in der Butter hellgelb rösten und mit den Eiern in die Mehlmasse rühren.
3. Mit etwas geklärter Butter (in einer beschichteten Pfanne auch ohne Fett) vier Omeletts backen.
Die Omeletts mit Ragout von Pilzen, Gemüse, Geflügelleber oder Kalbsbries oder auch mit Spinat und Käsewürfeln füllen.

Dessert: Versuchung mit süßen Früchten

Vor allem Männer sind es, die sich bei der Vorspeise schon auf das süße Dessert freuen. Früchte aus aller Welt spielen bei diesem Schlußakt die tragende Hauptrolle.

Ein Spiel mit Farben und Aromen: Mousse von weißer Schokolade mit Vanille- und Himbeersauce. Rezept S. 208

DER WUNSCH NACH SÜSSEM IST GANZ NATÜRLICH

Er darf nur nicht einseitig oder falsch befriedigt werden. Süßes — vom Honig bis zu Früchten — soll man bewußt einteilen und genießen. Verbote führen nicht nur bei Kindern zum Heißhunger auf alles Süße.

Ein Fruchtsalat, ein Sorbet, ein selbstgemachtes Joghurt-Eis sind kalorienarm, wenn sie mit frischen Beerenfrüchten hergestellt werden. Saucen aus pürierten Früchten sind ein weiteres Beispiel für Süßes, das man ohne Bedenken genießen kann.

Über die Eigenschaften der einzelnen Süßungsmittel vom Ahornsirup bis zum Zucker informiert Sie die Warenkunde auf Seite 20-21.

◄ FOTO S. 206-207

VOLLKORN-PALATSCHINKEN GEFÜLLT MIT BANANE UND PISTAZIEN

(FÜR 4 PERSONEN)

PALATSCHINKENMASSE:

250 ml Sahne
2 Eigelb
25 g Fruchtzucker
100 g Weizen-Vollkornmehl
geklärte Butter zum Backen

FÜLLUNG:

40 ml Bananenlikör
4 EL Weißwein
2 EL dünnflüssiger Honig
4 Bananen
150 g gemahlene Pistazien

1. Aus den aufgeführten Zutaten die Palatschinkenmasse rühren und 2 Stunden ruhen lassen.
2. Bananenlikör, Wein und Honig erwärmen und die geschälten Bananen darin erhitzen.
3. In etwas geklärter Butter 4 Palatschinken ausbacken und mit dem Likörfond, in dem die Bananen erhitzt wurden, bestreichen.
4. Die Pistazien auf die Palatschinken verteilen, die Bananen darin einrollen und zum Anrichten in Scheiben schneiden.

Dazu Cassissauce, Vanilleeis und gehackte Pistazien.

FOTO S. 205

MOUSSE VON WEISSER SCHOKOLADE

(FÜR 6 PERSONEN)

380 g weiße Schokolade
2 Eier
1 Eigelb
2 EL Rum
50 ml Kokoslikör
40 ml Eierlikör
3 Blatt Gelatine
4 Eiweiß
550 g geschlagene Sahne

1. Die Schokolade im Wasserbad schmelzen – sie darf nur handwarm werden!
2. Die Eier und das Eigelb im Wasserbad warm aufschlagen, bis die Masse cremig ist; dann im kalten Wasserbad unter Rühren abkühlen.
3. Die Spirituosen erwärmen und die vorgeweichte Gelatine darin auflösen. Vor der weiteren Verarbeitung müssen alle Zutaten kalt sein.
4. Die Spirituosenmischung unter die Eimasse heben. Dann die Schokolade einarbeiten.
5. Erst das zu Schnee geschlagene Eiweiß, anschließend die steifgeschlagene Sahne unterziehen.
6. Die Mousse in eine Schüssel füllen und 5 bis 6 Stunden kühlen.
7. Zum Anrichten mit einem in Wasser vorgewärmten Löffel Nokken abstechen.

Dazu passen Fruchtsaucen (hier von Himbeeren und Mango) sowie Vanillesauce.

FOTO RECHTS

GRATIN VON WEINTRAUBEN UND FEIGEN

(FÜR 2 PERSONEN)

FRUCHTSAUCE:

4 frische Feigen
40 g Mark von schwarzen Johannisbeeren
2 EL Portwein
40 ml Rotwein

SAHNESAUCE:

4 Eigelb
20 g Fruchtzucker
¼ l Sahne
2 EL Kokoslikör

FRÜCHTE:

4 frische Feigen
40 Weintrauben (grüne und blaue)

1. Für die Fruchtsauce die Feigen schälen, kleinschneiden, mit den übrigen Zutaten weichdünsten, pürieren und durch ein Sieb streichen.
2. Für die Sahnesauce Eigelb und Fruchtzukker schaumigrühren. Die Sahne aufkochen und den Likör einrühren. Diese Mischung unter Rühren zum Eigelbschaum geben und im Wasserbad zur Rose abziehen (s. S. 229).
3. Die Feigen schälen und vierteln, die Weintrauben halbieren und entkernen. Die Früchte auf zwei feuerfesten Tellern anrichten.
4. Die Feigen mit der Fruchtsauce, anschließend Feigen und Weinbeeren mit der heißen Sahnesauce nappieren; kurz unter dem Grill gratinieren.

Tip: Dazu eine Kugel Kokoseis servieren.

Früchte und Beeren von der "Sonnenbank"

FRÜCHTESUPPE MIT BUTTERMILCHNOCKEN
(FÜR 4 PERSONEN)

NOCKEN:
200 ml Buttermilch
50 g Honig
Saft von 1 Zitrone
2 Blatt Gelatine
100 ml Sahne
1 Bund Zitronenmelisse

FRÜCHTESUPPE:
800 g gemischte Früchte der Jahreszeit
30 g Fruchtzucker
¼ l Sekt

GARNITUR:
4 EL gehackte Pistazien

1. Für die Nocken die Buttermilch erhitzen. Honig und Zitronensaft zugeben. Die vorgeweichte Gelatine darin auflösen. Abkühlen lassen, bis die Mischung zu gelieren beginnt.
2. Die Sahne steifschlagen, ein Drittel des Buttermilchgelees unterziehen, dann diese Mischung unter das restliche Gelee heben. Die Zitronenmelisse feinhacken und unterziehen. In eine Schüssel füllen und im Kühlschrank fest werden lassen.
3. Die Früchte für die Suppe putzen und gegebenenfalls kleinschneiden. 300 Gramm als Einlage zurückbehalten, den Rest mit Fruchtzucker und Sekt im Mixer pürieren und durch ein Sieb streichen.
4. Die Früchte auf Tellern anrichten und die Suppe darüberschöpfen. Mit einem Löffel, den man zuvor in heißes Wasser getaucht hat, Nocken vom Buttermilchparfait abstechen und auf die Früchtesuppe setzen. Nach Belieben mit gehackten Pistazien bestreuen.

Durch die Wahl der Früchte ergeben sich viele Variationsmöglichkeiten. Z. B. für die Suppe Erdbeeren, als Einlage gemischte Beeren. – Für die Nocken können Sie statt Zitronenmelisse auch etwas Minze verwenden.

Aus dem vollen Beerenkorb geschöpft

FOTO OBEN

KARОТТENPUDDING

(FÜR 4 PERSONEN)

2 Eier
1 Eigelb
30 g Fruchtzucker
100 g geriebene Karotten
abgeriebene Schale von 1 unbehandelten Zitrone
50 g gemahlene Mandeln
100 g Biskuitbrösel
50 g zerlassene Butter
geklärte Butter und Zucker für die Formen

1. Eier, Eigelb und Zucker im Wasserbad zu einer dicken Creme schlagen. Herausnehmen und kaltschlagen. Die Karotten und die Zitronenschale dazugeben.
2. Mandeln, Biskuit und die flüssige, abgekühlte Butter unterheben.
3. Die Masse in gebutterte und ausgezuckerte Timbaleformen füllen und im Ofen bei 200 Grad 20 Minuten im Wasserbad pochieren.
4. Pudding aus der Form stürzen und mit warmen Orangenfilets in Orangensauce, Vanillesauce mit Grand Manier und Orangeneis servieren.

FOTO RECHTS

HIRSEPUDDING

(FÜR 6 PERSONEN)

210 g frisch gemahlenes Hirsemehl
140 g Butter
250 ml Sahne
1 Vanilleschote
1 Eiweiß
8 Eigelb
Eischnee aus 6 Eiweiß und 70 g Fruchtzucker
geklärte Butter und Zucker für die Formen

1. Die Butter zerlassen. Die Sahne mit der Vanilleschote und ihrem ausgekratzten Mark aufkochen.
2. Das Hirsemehl in die Butter einrühren, ausquellen lassen und mit der Vanillesahne (ohne die Schote) ablöschen. In eine Schale umfüllen.
3. In die auf Handwärme abgekühlte Masse 1 Eiweiß, dann nach und nach das ganze Eigelb einarbeiten.
4. Aus Eiweiß und Zucker den Eischnee herstellen und portionsweise unter die abgekühlte Hirsemasse heben.
5. Sechs Timbaleförmchen buttern, mit Zukker ausstreuen und zu drei Viertel mit der Puddingmasse füllen. Im auf 200 Grad vorgeheizten Ofen 25-30 Minuten im Wasserbad pochieren.
6. Pudding aus der Form stürzen und mit in Portwein gedünsteten Kirschen, Vanillesauce mit Kirschwasser und Moccaeis servieren.

LEBKUCHENPUDDING
(FÜR 6 PERSONEN)

250 g geriebener Lebkuchen
50 g geriebene Zartbitterschokolade
40 ml Rum
150 g Butter
6 Eigelb
60 g Fruchtzucker
60 g gemahlene Mandeln
¼ TL Zimtpulver
½ TL Lebkuchengewürz
6 Eiweiß
geklärte Butter und Zucker für die Formen

1. Lebkuchen und Schokolade mit Rum beträufeln. Butter und Eigelb mit 40 g Zucker schaumigrühren; Schokolade, Lebkuchen, Mandeln und Gewürze einarbeiten.
2. Eiweiß mit 20 g Zucker zu Schnee schlagen und portionsweise unterheben.
3. Sechs Timbaleförmchen ausbuttern und zuckern; die Puddingmasse einfüllen und im Ofen bei 200 Grad 30 Minuten im Wasserbad pochieren.

Dazu nach Wahl Schokoladen- und Vanillesauce mit Rum sowie mit Schokoladenmousse gefüllte Datteln servieren.

MOHNPUDDING
(FÜR 6 PERSONEN)

⅛ l Milch
140 g Mohn
100 g weiße Kuvertüre
140 g Butter
8 Eigelb
40 g Fruchtzucker
6 Eiweiß
geklärte Butter und Zucker für die Formen

1. Die Milch erhitzen und den Mohn darin 10 Minuten vorquellen lassen.
2. Die Kuvertüre im Wasserbad schmelzen — sie darf nicht heißer als 40 Grad werden.
3. Butter, Eigelb und 20 g Zucker schaumigrühren; Kuvertüre und Mohn unterziehen.
4. Das Eiweiß steifschlagen, dabei den restlichen Zucker einrieseln lassen.
5. Sechs Timbaleförmchen mit geklärter Butter ausstreichen und mit Zucker ausschwenken. Die Puddingmasse einfüllen.
6. Im vorgeheizten Ofen bei 200 Grad im flachen Wasserbad 20 bis 25 Minuten pochieren (vergl. Rezept: Soufflé von Ziegenkäse, S. 225).

Ein Pudding kommt selten allein

MASCARPONESCHNITTE
(FÜR 6 PERSONEN)

1 Biskuitboden
60 ml Amaretto
3 TL lösliches
Espresso-Kaffeepulver
5 Eigelb
100 g Puderzucker
200 g Mascarpone
1 Vanilleschote
3 Blatt Gelatine
40 ml Rum
2 EL Zitronensaft
3 Eiweiß
20 g Fruchtzucker
100 ml Sahne
2 Päckchen
Vanillezucker
Kakaopulver

1. Den Biskuitboden waagerecht teilen. Den Amaretto mit 3 TL Espresso-Kaffeepulver verrühren und die Böden mit dieser Lösung beträufeln.
2. Eigelb, Puderzukker und Mascarpone mit dem ausgekratzten Mark der Vanilleschote schaumigrühren. Die vorgeweichte Gelatine im leicht erwärmten Rum und Zitronensaft auflösen und unter die Mascarponemischung ziehen.
3. Eiweiß mit Zucker zu Schnee schlagen und unterheben.
4. Sahne mit Vanillezucker steifschlagen und ebenfalls unterheben.
5. Einen Biskuitboden in einen Tortenring legen, die Hälfte der Mascarponecreme darauf verteilen und glattstreichen. Den zweiten Boden auflegen, leicht andrücken und mit dem Rest der Creme bestreichen.
6. Die Mascarponeschnitte 4 bis 5 Stunden kaltstellen.
7. Zum Servieren mit Kakao bestäuben, aus dem Ring schneiden und in Portionsstücke teilen.

Tip: Auf die Teller einen Spiegel aus Vanille- und Kakaosauce gießen; die Schnitten daraufsetzen.

Neu interpretiert: Der Klassiker aus Italien

Der "Speckmantel" ist aus Marzipan.

HIMBEERSÜLZE IM MARZIPANMANTEL
(FÜR 6 PERSONEN)

SÜLZE:

600 g Himbeeren
1 Bund Zitronenmelisse
1 Flasche Sekt
2 EL Himbeergeist
12 Blatt Gelatine

MARZIPANMANTEL:

300 g Marzipanrohmasse
50 g Puderzucker
50 g gemahlene Pistazien

1. Eine Terrinenform mit Klarsichtfolie auslegen und eine Lage geputzte Himbeeren hineinschichten.
2. Die Melisse abzupfen, feinhacken und zur Hälfte auf die Himbeeren streuen.
3. Sekt und Himbeergeist mischen. 100 ml davon erwärmen und die vorgeweichte Gelatine darin auflösen. Unter den Sekt rühren. Die Himbeeren mit diesem Gelee bedekken. Die Form ein paarmal aufstoßen, um etwa vorhandene Luftblasen zu lösen. Kühl stellen.
4. Wenn das Gelee fest ist, die restlichen Himbeeren mit der Melisse einschichten und mit dem Aspik auffüllen. 4-5 Stunden kühlen.
5. Marzipanrohmasse, Puderzucker und Pistazien verkneten und zu einer Platte ausrollen, die groß genug ist, die Sülze zu umhüllen.
6. Die Sülze stürzen, die Folie entfernen und das Gelee in den Marzipanmantel hüllen. An den Ecken entsprechend Dreiecke ausschneiden, damit die Schicht gut anliegt. Dazu nach Wahl Himbeersauce, Vanillesauce mit Himbeergeist oder Marzipaneis reichen.

Tip: Für eine alkoholfreie Sülze wird der Sekt durch 0,7 l hellen Traubensaft ersetzt. Statt des Himbeergeistes nimmt man 1 EL Zitronensaft.

Himbeeren und Gelatine, Marzipan, Minze und Pistazien: die Zutaten für ein attraktives Aspik.

Den Boden der Form dünn mit Gelee ausgießen und erstarren lassen. Eine Lage Beeren und Minze glatt einschichten. Mit Gelee bedecken und kühl stellen.

Die restlichen Früchte mit der Minze in die Form füllen. Gelee eingießen und die Terrine kalt stellen.

Für den Mantel die Pistazien mit dem Puderzucker und der Marzipanrohmasse verkneten. Ausrollen.

Die Himbeersülze auf die Marzipanplatte stürzen und glatt einschlagen.

ERDBEER-SUPPE MIT GRIESS-FLAMMERI
(FÜR 4 PERSONEN)

FLAMMERI:

¼ l Milch
2 EL Eierlikör
60 g Grieß
2 Blatt Gelatine
1 Eigelb
Schale und Saft von 1 unbehandelten Zitrone
250 g geschlagene Sahne

ERDBEERSUPPE:

1 kg Erdbeeren
1 EL Fruchtzucker
6 EL Himbeergeist
¼ l Sekt, Weißwein oder Traubensaft
2 EL dünnflüssiger Honig
50 g Butterflöckchen

GARNITUR:

Zitronenmelisse und gehackte Pistazien

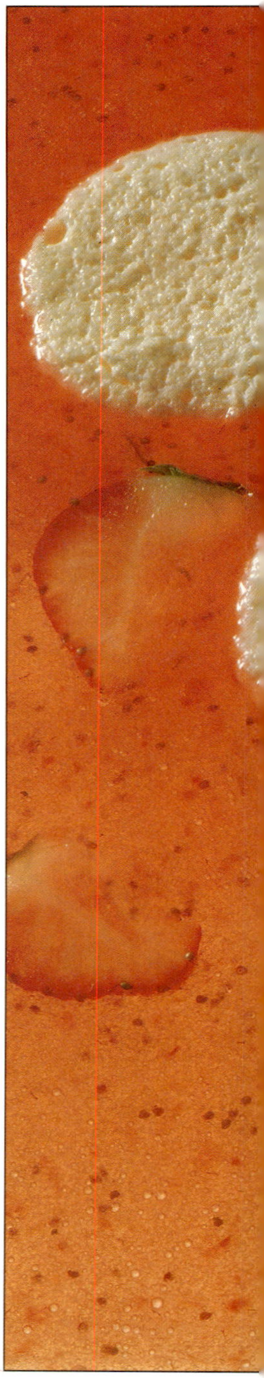

1. Für den Flammeri die Milch erhitzen. Eierlikör und Grieß einrühren. Das Ganze unter Rühren aufkochen, vom Herd nehmen und die vorgeweichte Gelatine, Eigelb sowie Zitronensaft und -schale zugeben.
2. Kurz vor dem Festwerden der Masse die geschlagene Sahne unterheben.

3. Den Flammeri in vier kalt ausgespülte Timbaleförmchen oder Tassen füllen und mindestens 4 Stunden kühlen.
4. Für die Suppe die Erdbeeren waschen (nur wenn nötig) und putzen. 200 Gramm mit Fruchtzucker und 2 EL Himbeergeist marinieren.
5. Die restlichen Erdbeeren mit Sekt, Honig und 4 EL Himbeergeist weichdünsten. Im Mixer pürieren und durch ein Sieb streichen. Mit der Butter binden.
6. Zum Anrichten die lauwarme Suppe sowie die marinierten Erdbeeren auf tiefe Teller verteilen. Die Flammeris stürzen, in die Mitte setzen und mit gehackten Pistazien und Melisse garnieren.

Beim Anrichten sind Ihrer Fantasie keine Grenzen gesetzt.

Eine rot-weiße Versuchung

Ein Teig mit "Durchblick"

VOLLKORN-MANGOSTRUDEL
(FÜR 6 PERSONEN)

TEIG:
300 g sehr feines Weizen-Vollkornmehl
2 EL Sonnenblumenöl
½ TL Salz

FÜLLUNG:
4 Mangos
80 g Korinthen
60 g Mohn
150 g Biskuitbrösel
100 g brauner Zucker
80 ml Kirschwasser

ZUM BESTREICHEN:
1 Eigelb
2 EL Sahne

1. Mehl, Öl und Salz mit 150 ml lauwarmem Wasser zu einem elastischen Teig verkneten, zur Kugel formen und ruhen lassen.
2. Die Mangos schälen, entkernen und in kleine Spalten schneiden. Mit den anderen Zutaten der Füllung mischen und ziehen lassen.
3. Den Teig auf einem bemehlten Tuch ausrollen, ihn dann hauchdünn auseinanderziehen, indem man mit den Händen so drunterfaßt, daß der Teig auf den Handrücken zu liegen kommt (das macht man am besten zu zweit). Den dicken Rand des Teigs abschneiden.
4. Die Füllung auf dem Teigstück verteilen. Dabei an den beiden Schmalseiten einen Streifen von 5 Zentimeter Breite freilassen, an einer Längsseite ca. 10 Zentimeter. Das Ganze mit Hilfe des Tuchs aufrollen. Die Enden falten und nach unten umschlagen.
5. Den Strudel auf ein gefettetes Backblech legen, Eigelb und Sahne verquirlen und die Oberfläche des Strudels damit bestreichen.
6. Bei 220 Grad 20 bis 25 Minuten backen.
7. Den Strudel noch warm in dicke Scheiben schneiden und servieren. Dazu Mangospalten, Mangosauce und Vanillesauce reichen.

Tip: Der Strudel kann leicht abgewandelt werden, indem man die Mangos durch 1 kg Birnen und das Kirschwasser durch Birnengeist ersetzt.

BIRNE IM PIROGGENTEIG
(FÜR 4 PERSONEN)

TEIG:

150 g Weizen-Vollkornmehl
40 g Butter in kleinen Würfeln
1 Ei
65 g saure Sahne oder Créme fraîche
Mehl zum Ausrollen

FÜLLUNG:

120 g Marzipanrohmasse
50 g gemahlene Pistazien
2 EL Amaretto
4 kleine Birnen

ZUM BESTREICHEN:

1 Eigelb
2 EL Sahne

1. Aus den angegebenen Zutaten rasch einen Mürbeteig kneten, zur Kugel formen, in Folie wickeln und zwei Stunden kaltstellen.
2. Marzipanrohmasse, Pistazien und Amaretto zu einer geschmeidigen Masse verkneten.
3. Die Birnen schälen (den Stiel belassen), von unten her mit einem Ausstecher entkernen und an der Unterseite etwas flachschneiden, damit sie stehen.
4. Die Birnen mit der Marzipanmasse füllen.
5. Den Teig dünn ausrollen, in 4 Rechtecke teilen und die Birnen darin einpacken. Aus den Teigresten Streifen schneiden und die Birnen damit dekorieren.
6. Das Eigelb mit der Sahne verquirlen und die Birnen damit bestreichen.
7. Im Backofen bei 200 Grad ca. 15 Minuten backen.
Dazu Vanillesauce reichen.

POCHIERTE PFLAUMEN IN NELKENSAUCE MIT ZIMTEIS
(FÜR 4 PERSONEN)

ZIMTEIS:
6 Eigelb
30 g Fruchtzucker
½ l Sahne
1 EL Zimtpulver
2 EL Rum

PFLAUMEN:
400 g Pflaumen
30 g Fruchtzucker
½ l Rotwein
oder Sauerkirschsaft

SAUCE:
¼ l Rotwein
60 ml Grenadine
60 ml Portwein
60 ml Madeira
5 Nelken
1 Zimtstange

1. Für das Eis Eigelb und Zucker schaumig rühren.
2. Sahne aufkochen, dazugeben und im Wasserbad zur Rose abziehen. Die Masse aus dem Wasserbad nehmen, Zimt sowie Rum unterziehen und kaltschlagen. In der Eismaschine frieren.
3. Für die Rotweinpflaumen die Pflaumen entsteinen und mit dem Zucker kurz im Rotwein pochieren.
4. Für die Sauce die angegebenen Zutaten aufkochen. Nelken und Zimtstange nach 10 Minuten herausnehmen und die Sauce einkochen, bis sie eine sirupartige Konsistenz hat.

5. Die noch warmen Plaumen auf Tellern anrichten, mit der Sauce überziehen und mit einer Kugel Zimteis garnieren.

TERRINE VON PFLAUMEN, MIRABELLEN UND NÜSSEN
(FÜR 6 PERSONEN)

- *500 g Pflaumen*
- *250 g Mirabellen entsteint gewogen*
- *50 g Fruchtzucker*
- *40 g Pistazien*
- *40 g Pinienkerne*
- *40 g gehackte Walnußkerne*
- *Schale von 2 unbehandelten Limetten*
- *6 Blatt Gelatine*
- *2 EL Zwetschgenwasser*
- *2 EL Cognac*
- *6 Blatt Gelatine*
- *1 Bund gehackte Minze*

1. Pflaumen, Mirabellen und Zucker mit einigen Eßlöffeln Wasser in einer flachen Kasserolle zugedeckt weichdünsten; dann bei schwacher Hitze um die Hälfte einkochen bis ein dickes Mus entstanden ist.
2. Pistazien, Pinienkerne und Nüsse getrennt in einer beschichteten Pfanne ohne Fett rösten.
3. Die Limettenschale mit einem Zestenreißer abziehen, kurz in Zuckerwasser pochieren, abtropfen lassen und hacken.
4. Die vorgeweichte Gelatine im noch warmen Pflaumenmus auflösen und die Schnäpse dazugeben. Nüsse, Limettenschalen und Minze unterheben.
5. Die Masse in eine mit feuchter Klarsichtfolie glatt ausgelegte Terrinenform füllen und 4 bis 5 Stunden kühlen.
6. Die Form kurz in heißes Wasser stellen, die Pflaumenterrine auf eine Platte stürzen und in 1,5 Zentimeter dicke Scheiben schneiden.

Dazu Vanillesauce und Walnußeis reichen.

SOUFFLÉ VON ZIEGENFRISCHKÄSE
(FÜR 6 PERSONEN)

- *30 g Quark*
- *50 g Ziegenfrischkäse*
- *2 Eigelb*
- *50 g Fruchtzucker*
- *abgeriebene Schale 1 unbehandelten Zitrone*
- *1 EL Zitronensaft*
- *3 Eiweiß*
- *geklärte Butter und Zucker für die Förmchen*

1. Quark und Ziegenkäse durch ein Sieb streichen, Eigelb, 30 g Fruchtzucker, Zitronenschale und -saft unterrühren.
2. Das Eiweiß steifschlagen, dabei den restlichen Zucker einrieseln lassen.
3. Sechs geradwandige Timbaleförmchen bis zum Rand mit geklärter Butter ausstreichen; anschließend mit Zucker ausschwenken.
4. Ein Drittel des Eischnees unter die Käsemasse ziehen. Diese Mischung unter das restliche Eiweiß heben und in die Förmchen füllen.
5. Die Förmchen in eine flache, ofenfeste Schale stellen, 2 Zentimeter hoch kochendes Wasser angießen und das Ganze auf die mittlere Schiene des auf 200 Grad vorgeheizten Backofens stellen. 15 bis 20 Minuten pochieren. Die Garzeit hängt vom Ofen und vor allem vom Material der Förmchen ab. In Keramik dauert es wesentlich länger als in Metall.
6. Unterdessen die Teller mit der Beilage vorbereiten. Die Soufflés aus den Förmchen stürzen (mit einer Serviette auffangen), auf die Teller stellen und sofort servieren.

Als Beilage ist Heidelbeerkompott zu empfehlen. Der Gast muß auf das Soufflé warten, nicht umgekehrt, denn die Schönheit des Soufflés ist nur heiße Luft!

FRISCHKÄSE-CREME MIT HOLUNDERBEEREN
(FÜR 4 PERSONEN)

200 g Doppelrahm-Frischkäse
Saft 1 Limette
20 g Fruchtzucker
50 ml Sahne
1/8 l Holundersaft
20 g Fruchtzucker
500 g Holunderbeeren

GARNITUR:
50 g Walnußhälften

1. Den Doppelrahm-Frischkäse (Zimmertemperatur) mit Limettensaft und Fruchtzucker verrühren.
2. Die Sahne schlagen und unterziehen.
3. Holundersaft mit dem Fruchtzucker aufkochen, die abgezupften Holunderbeeren dazugeben und 1 Minute köcheln lassen.
4. Die Frischkäsecreme in einen Spritzbeutel mit Sterntülle füllen; Rosetten auf die Servierteller spritzen.
5. Die Beeren in der Sauce dazu anrichten und das Dessert mit den Walnußhälften garnieren.

Tip: Die Sauce bekommt durch die Zugabe von 2 EL Portwein einen besonderen Pfiff.

ERDBEEREN UND RHABARBER UNTER DER BAISERHAUBE
(FÜR 2 PERSONEN)

1/4 l Vanillesauce (s. S. 154)
4 Stangen Rhabarber
250 g Erdbeeren
40 ml Apfelsaft
4 EL Honig
3 Eiweiß
30 g Fruchtzucker

1. Die Vanillesauce wie auf S. 154 beschrieben zubereiten.
2. Rhabarber und Erdbeeren waschen und putzen.
3. Zwei Stangen Rhabarber kleinschneiden. Zusammen mit 100 g Erdbeeren, dem Apfelsaft und Honig aufkochen. Anschließend im Mixer pürieren und durch ein Sieb streichen.
4. Den restlichen Rhabarber in Stücke schneiden und blanchieren. Die Erdbeeren halbieren.
5. Für die Baisermasse das Eiweiß mit dem Fruchtzucker zu festem Schnee aufschlagen.
6. Porzellanteller mit den vorbereiteten Fruchtstücken auslegen. Sie werden erst mit dem Rhabarber-Erdbeerpüree, dann mit Vanillesauce überzogen. Die Baisermasse spiralförmig daraufspritzen und kurz unter dem Grill gratinieren. Sofort servieren.

KIRSCHGRÜTZE MIT PISTAZIEN UND VANILLESAHNE
(FÜR 2 PERSONEN)

GRÜTZE:
500 g Süßkirschen
1/4 l Kirschsaft
Pfeilwurzelmehl zum Binden (15 g auf 1/2 l Flüssigkeit)

VANILLESAHNE:
1/8 l Sahne
1 TL Fruchtzucker
Mark 1 Vanilleschote

GARNITUR:
50 g geröstete Pistazien

1. Die Kirschen entsteinen.
2. Den Kirschsaft aufkochen, 300 g Kirschen zugeben, kurz mitkochen lassen und anschließend im Mixer pürieren. Durch ein Sieb streichen.
3. Die Grütze erneut erhitzen und mit dem in Wasser angerührten Pfeilwurzelmehl binden. Erkalten lassen.
4. Die restlichen Kirschen in die Grütze geben; auf Servierteller verteilen.
5. Für die Vanillesahne wird die Sahne mit dem Fruchtzucker und dem Vanillemark aufgeschlagen.
6. Die Sahne auf die Grütze geben und mit den gerösteten Pistazien bestreuen.

FRUCHTSALAT AUF MANGO-PÜREE
(FÜR 4 PERSONEN)

2 Nektarinen
1 Baumtomate
1 Kiwi
Saft 1 Zitrone
20 g Fruchtzucker

MANGOPÜREE:
1 Mango
Saft 1 Limette
2 EL Honig

GARNITUR:
50 g rote Johannisbeeren
4 Blatt Zitronenmelisse

1. Die Nektarinen waschen, entsteinen und in Spalten schneiden. Baumtomate und Kiwi schälen und in Scheiben schneiden.
2. Den Zitronensaft mit dem Fruchtzucker verrühren und die Früchte ca. 1 Stunde in dieser Mischung ziehen lassen.
3. Für das Mangopüree die Frucht schälen, vom Stein schneiden und das Fruchtfleisch mit dem Limettensaft und Honig im Mixer pürieren.
4. Die Johannisbeeren abzupfen.
5. Die marinierten Früchte dekorativ auf Serviertellern anrichten, mit Mangopüree umrahmen und mit den Johannisbeeren bestreuen. Mit den Blättchen von Zitronenmelisse garnieren.

STACHELBEER-CREME
(FÜR 6 PERSONEN)

1 kg Stachelbeeren
180 g Fruchtzucker
12 Blatt Gelatine
50 ml Apfelsaft
4 Eigelb
2 Eiweiß
200 ml Sahne

1. Die geputzten Früchte (einige für die Garnitur zurückbehalten) mit 100 g Fruchtzucker in 200 ml Wasser weichdünsten. Anschließend im Mixer pürieren und durch ein Sieb streichen.
2. Die vorgeweichte, gut ausgedrückte Gelatine in dem erwärmten Apfelsaft auflösen und unter das Stachelbeerpüree rühren.
3. Das Eigelb mit 50 g Fruchtzucker im warmen Wasserbad cremig aufschlagen. Aus dem Wasserbad nehmen und kaltschlagen. Portionsweise unter das Fruchtpüree heben.
4. Eiweiß und Sahne getrennt mit jeweils 15 g Fruchtzucker steifschlagen. Beides unter die Fruchtmasse ziehen.
5. Die Stachelbeercreme in Servierschalen füllen und 1 Stunde kühlen. Mit den zurückbehaltenen Früchten garnieren.

Tip: Die Creme kann statt mit Gelatine auch mit dem pflanzlichen Agar-Agar gedickt werden; dann unbedingt die Herstellerhinweise auf der Verpackung beachten.

OGEN-MELONEN MIT FRÜCHTEN UND NÜSSEN
(FÜR 4 PERSONEN)

2 kleine Ogen-Melonen
Saft 1 Zitrone
2 EL Orangenblütenhonig
1 Bund Melisse, gehackt
2 Kiwis
1 mittlere Ananas
2 Mandarinen
20 grüne Trauben

GARNITUR:
50 g geröstete Pistazien
50 g geröstete Mandelsplitter
4 Blättchen Zitronenmelisse

1. Die Ogen-Melonen halbieren und die Kerne entfernen. Mit einem Kugelausstecher erbsengroße Melonenperlen ausstechen. Beiseite stellen.
2. Das restliche Fruchtfleisch aus den Melonenhälften kratzen, mit Zitronensaft, Honig sowie der gehackten Melisse mischen und im Mixer pürieren.
3. Die Kiwis schälen und in Scheiben schneiden. Das Fruchtfleisch der Ananas würfeln. Die Mandarinen schälen und in Filets zerlegen. Trauben ganz lassen.
4. Die Früchte mit der Melonensauce mischen.
5. Zum Servieren die marinierten Früchte in die ausgehöhlten Melonenhälften füllen. Mit Pistazien und Mandelsplittern bestreuen. Mit Melisseblättchen garnieren.

Ogen-Melonen sind eine Kreuzung aus Netz- und Kantalupmelone. Die grüngelb gestreifte, leicht ovale Frucht ist verhältnismäßig klein ("Ein-Personen-Melone"), das süße Fruchtfleisch ist hellgrün. Früchte mit grüner Schale müssen einige Tage gelagert werden. Herkunftsland ist Israel.

APFEL-NUSS-SALAT
(FÜR 4 PERSONEN)

6 Äpfel (Boskop)
Saft 1 Zitrone
1/8 l Apfelsaft, naturtrüb
2 EL Honig
1 Zimtstange
Mark 1 Vanilleschote
50 g Sonnenblumenkerne
4 EL Kokosflocken
50 g Walnußhälften

1. Äpfel waschen, vierteln und vom Kerngehäuse befreien; in dünne Scheiben schneiden.
2. Zitronen- und Apfelsaft mit dem Honig, der Zimtstange und dem Vanillemark aufkochen. Vom Herd nehmen.
3. Die Apfelscheiben in den Sud geben und zugedeckt kurz darin ziehen lassen.
4. Die Sonnenblumenkerne ohne Fett in einer Pfanne anrösten. Abkühlen lassen.
5. Zum Servieren die Apfelscheiben mit den Sonnenblumenkernen, Kokosflocken und Walnußhälften anrichten.

LIWANZEN MIT BROMBEER-QUARK-FÜLLUNG
(FÜR 6 PERSONEN)

LIWANZEN:
200 g feines Weizen-Vollkornmehl
10 g Hefe
1/8 l lauwarme Milch
20 g flüssige Butter
15 g Fruchtzucker
1 Ei
Butter zum Backen

FÜLLUNG:
500 g Quark
Mark 1 Vanilleschote
50 g Fruchtzucker
250 g Brombeeren
25 g Fruchtzucker

1. Das Mehl in eine Schüssel sieben. In die Mitte des Mehls eine Mulde drücken; die Hefe hineinbröckeln und mit der lauwarmen Milch verrühren. Diesen Ansatz ca. 15 Minuten gehen lassen.
2. Die abgekühlte zerlassene Butter, den Fruchtzucker und das Ei zu dem Ansatz geben; alles zu einem Teig verarbeiten und diesen zugedeckt 30 bis 60 Minuten an einem kühlen Ort gehen lassen.
3. Aus dem Teig zwölf kleine Liwanzen (Pfannkuchen) backen.
4. Für die Füllung Quark, Vanillemark und Fruchtzucker verrühren. Auf die Hälfte der Liwanzen streichen.
5. Die Brombeeren verlesen, mit dem Fruchtzucker mischen und auf die Quarkfüllung verteilen. Abschließend je eine Liwanze auflegen.

Lexikon

A

ADZUKIBOHNEN
Kleine dunkelrote Bohnen mit weißem Längsstrich. Diese Hülsenfrucht gehört zu den wichtigsten Lebensmitteln der asiatischen Küche und ist dort Basis für Süßspeisen, Konfekt und Speiseeis. Adzuki-Sprossen werden in Salaten, Suppen und Gemüsefüllungen verwendet.

AGAR-AGAR
Das aus Algen gewonnene Geliermittel wird in Form von Blättern, Stangen, Flocken oder Pulver im Handel angeboten und vor allem von Vegetariern statt Gelatine (tierisches Eiweiß) benutzt. Für die Anwendung die Herstellerangaben beachten. Stets jedoch muß Agar-Agar in heißer Flüssigkeit aufgelöst werden.

AL DENTE
ist italienisch und bedeutet etwa "für den Zahn". Teigwaren kocht man al dente, d. h. sie müssen zwischen den Zähnen noch zu spüren sein. Auch Gemüse wird in der modernen Küche stets al dente gegart.

ALFALFA
auch Luzerne genannt: eine aus Asien stammende Pflanze aus der Familie der Schmetterlingsblütler. Die kleinen braunen Samen haben einen hohen Mineralstoffgehalt. Gekeimt erhöht sich der Gehalt an Vitamin C und anderen Vitaminen sowie an Eiweiß. Alfalfa wird häufig fertig gekeimt im Kühltresen angeboten.

ANSCHWITZEN
Gemüse in der Pfanne mit etwas Fett bei mittlerer Hitze glasig werden lassen. Angeschwitzt werden insbesondere Zwiebeln und Schalotten. Je nach Verwendungszweck können sie dabei leicht gebräunt werden ("Farbe geben").

B

BACKTEMPERATUR
Die in den Rezepten genannten Ofentemperaturen beziehen sich auf Geräte mit Ober- und Unterhitze. Bei Umluftheizung geht man von einer 15 Prozent niedrigeren Temperatur aus. In der Praxis gibt es relativ große Temperaturunterschiede von Gerät zu Gerät. Es kommt also sehr auf die Erfahrung mit dem eigenen Backofen an.

BINDEN
Das Andicken einer Flüssigkeit, z. B. durch Zufügen eines aufquellenden Mittels wie Stärke oder Pfeilwurzelmehl. Cremesuppen werden meist durch eine Mischung von Sahne und Eigelb gebunden, Saucen in der feinen Küche durch Aufschlagen des heißen Fonds mit kalten Butterstückchen.

BLANCHIEREN
Das Vorgaren, insbesondere von Gemüse, in reichlich sprudelnd kochendem Salzwasser. Danach wird das Blanchiergut in der Regel zum "Abschrekken" in Eiswasser getaucht und abgetropft. So behält Gemüse auf natürliche Weise eine besonders appetitliche Farbe.

BRATEN
ist schnelles Garen und Bräunen in heißem eiweiß- und wasserfreiem Fett. Man kann in der Pfanne und im Ofen braten. In der Pfanne wirkt die Hitze über den Pfannenboden auf die Speisen. In Geschirr mit Antihaftbeschichtung läßt sich ohne Fett braten. Fleisch wird angebraten, damit sich eine gebräunte Kruste und die typischen Aromastoffe bilden. Im Ofen wirkt die Wärme als Strahlung oder durch einen heißen Luftstrom. Vielfach bewährt hat sich das Anbraten in der Pfanne auf dem Herd mit anschließendem schonenden Fertiggaren im Ofen bei Temperaturen zwischen 70 und 150 Grad.

C

CARPACCIO
Gericht aus hauchdünn geschnittenem rohem Rinderfilet, erfunden in Harry's Bar zu Venedig. Mittlerweile wurde

der Begriff auf alles Mögliche ausgedehnt, was feingescheibelt auf den Teller kommt: andere Fleischsorten, Fisch und auch Gemüse.

CONSOMMÉ
Eine geklärte Kraftbrühe, die vor allem aus Rindfleisch bereitet wird. Dazu wird eine fertige, entfettete Fleischbrühe mit durchgedrehtem magerem Fleisch und feingeschnittenem Wurzelgemüse kalt aufgesetzt, langsam zum Kochen gebracht und abgeseiht. Entsprechend werden Geflügel- oder Fischconsommé bereitet.

D

DÄMPFEN
Das schonende Garen in Dampf. Dabei liegen die Lebensmittel auf einem Rost über der dampfbildenden Flüssigkeit, die mit Kräutern, Gewürzen oder Wein aromatisiert sein kann.

DÜNSTEN
Das Garen bei niedriger Temperatur im eigenen Saft, allenfalls mit wenig zugesetzter Flüssigkeit. Der aufsteigende Dampf tropft vom Topfdeckel auf die Speisen zurück. Vorteil: Es gehen keine Inhaltsstoffe mit dem Kochwasser verloren.

E

ENTFETTEN
Das Entfernen von Fett aus Brühen und Fonds. Am einfachsten und wirksamsten ist es, die Flüssigkeit so zu kühlen, daß das Fett an der Oberfläche erstarrt und abgehoben werden kann. Sonst: Fett mit einem Eßlöffel abschöpfen oder die Flüssigkeit in ein Spezialkännchen füllen, das das Fett zurückhält.

F

FARCE
Gewürzte Masse aus rohen oder gegarten, mehr oder minder fein gehackten oder pürierten Lebensmitteln zum Füllen von Geflügel, Braten und Fisch sowie Backwerk oder Teigwaren.

FOND
Französisch: Grundlage. Eine Brühe aus Fleisch, Geflügel, Fisch oder Gemüse zur Weiterverarbeitung für Suppen und Saucen.

FRUCHTZUCKER
Fructose, ist ein Einfachzucker, der besonders in reifen Äpfeln und Birnen vorhanden ist. Er wird langsamer resorbiert und günstiger verwertet als Trauben- oder Zweifachzucker und daher bei der Diät von Diabetikern eingesetzt. Fructose hat den gleichen Energiegehalt wie Haushaltszucker, die Süßkraft ist jedoch etwas größer.

G

GARZIEHEN
siehe Pochieren.

GEMÜSEBRÜHE
Basis für vegetarische Suppen und Saucen. Feingewürfeltes Suppengemüse (Lauch, Möhre, Sellerie, Petersilienwurzel) und Zwiebel in wenig Pflanzenöl anschwitzen, dabei Farbe geben und mit Wasser ablöschen. Lorbeerblatt, Thymian, einige Pfefferkörner und wenig Salz dazugeben und mindestens eine Stunde im offenen Topf köcheln lassen; anschließend abseihen. Aus diesem Fond kann man durch neuerliche Gemüsezugabe auch eine vegetarische Consommé herstellen.

GRATINIEREN
Überbacken zur Herstellung einer Kruste; erfolgt im Backofen bei stärkster Oberhitze oder unter einem Grill. Aufläufe bekommen z.B. oft eine Käsekruste, Fleisch wird mit gewürzten Semmelbröseln gratiniert, Desserts mit zuckerhaltigen Ei-Sahne-Mischungen.

J

JULIENNE
Feinste, exakt geschnittene Gemüsestreifen als Garnitur oder Einlage für Saucen.

K

KARKASSE
Das Gerippe von Geflügel, Fisch oder die Schalen von Krustentieren. Wird zerhackt zur Bereitung von Fonds verwendet.

KLÄREN
Das Entfernen von Trübstoffen aus einer Flüssigkeit, insbesondere aus Fonds oder Brühe. Der kalte, entfettete Fond wird mit Eiweiß verrührt und wieder erhitzt. Das gerinnende Eiweiß bindet die Trübstoffe, die dann abgeseiht werden können. Das Klären bewirkt aber auch einen Verlust von Aromastoffen, so daß man es in der Regel mit einer Mischung aus Eiweiß, schierem durchgedrehtem Fleisch bzw. Fisch und Gemüse durchführt (vgl. Consommé).

KREBSNASE
Nicht die Nase, sondern der gesamte Körper des Krebses ohne Schwanz, aber mit den Scheren. Wird häufig als Dekoration für Gerichte verwendet, die Krebsschwänze enthalten.

L

LÄUTERZUCKER
Zuckersirup für Desserts und Sorbets. Herstellung: 500 g weißen Zucker mit einem halben Liter Wasser aufkochen und so lange köcheln lassen, bis sich der Zucker völlig gelöst hat. Der Name Läuterzucker stammt aus der Zeit, als Zucker nur mit starken Verunreinigungen erhältlich war. Der bräunliche Sirup wurde daher mit Hilfe von Eiweiß geläutert, also geklärt (s. klären).

M

MUNGOBOHNEN
Die grüne Sojabohne. Was in Beuteln als Sojasprossen gehandelt wird, stammt von der Mungbohne. Man kann sie problemlos zu Hause ziehen.

N

NAPPIEREN
Das Überziehen von Speisen mit einer Sauce.

NOILLY PRAT
Ein besonders trockener, würziger weißer Vermouth aus Südfrankreich, der weltweit in der feinen Küche zum Aromatisieren von Saucen, Fonds, Dressings etc. verwendet wird.

P

PARFAIT
Eine entweder mit Eischnee oder Gelatine hergestellte sturzfähige kalte Speise. Es gibt salzige Parfaits, z. B. von Fisch oder Geflügel, die als Vorspeise gereicht werden. Oder Halbgefrorenes aus Eigelb, Sahne, eventuell mit Früchten.

PARIEREN
Die Vorbereitung von Fleisch- oder Fischstücken zum Garen, wobei alle Häute und Sehnen sorgfältig entfernt werden. Die Parüren genannten Abschnitte dienen zur Herstellung von Fonds und Farcen.

PASSIEREN
Durch ein Sieb oder Tuch seihen oder streichen.

PECORINO
Italienischer Schafskäse. Es gibt ihn in zahlreichen Altersstufen vom weißen Frisch- bis zum parmesanähnlichen Hartkäse.

PFEILWURZELMEHL
auch Marantastärke: aus den Wurzeln verschiedener tropischer Pflanzen gewonnenes Stärkepulver zum Binden von Saucen, Fonds und Cremes.

PICCATA
Kleine Kalbsschnitzel, insbesondere piccata milanese, die mit Semmelbröseln und Parmesankäse paniert werden. In Anlehnung daran werden auch andere kleine Fleisch- oder Gemüsestücke mit dieser Panierung als Piccata bezeichnet.

POCHIEREN
Das Garen, insbesondere von Fisch, Fleisch, Eiern oder Geflügel in Flüssigkeit mit einer Temperatur zwischen 65 und 80 Grad Celsius — eine der schonendsten Garmethoden. Zum Pochieren werden Salzwasser oder Fonds verwendet. Man spricht auch vom Pochieren, wenn Speisen bei mäßiger Hitze in einer Form im Wasserbad gegart werden — z. B. Pudding oder Eierstich.

R

RADICCHIO
Eine Zichorienart mit rötlichen Blättern, die dichte kleine Köpfe bildet. Wird für Salat und als Gemüse verwendet. Auch die Wurzel ist eßbar.

REDUZIEREN
Das Einkochen von Flüssigkeiten zum Zwecke der Aromakonzentration. Am einfachsten in einer Pfanne oder im weiten offenen Topf bei großer Hitze die Flüssigkeit sprudelnd kochen lassen.

RICOTTA
Italienischer fettarmer Molkenkäse, der leichte Ähnlichkeit mit Schichtkäse oder Quark hat. Zu seiner Herstellung wird die bei der Käseherstellung anfallende Molke auf 96 Grad erhitzt, wobei das noch vorhandene Eiweiß gerinnt.

ROMANA
auch Römersalat oder Sommerendivie genannt; eine aromatische Form des Lattichs mit länglichen Blättern.

ROSE ABZIEHEN
Bindung einer Creme oder Sauce mit Eigelb im heißen Wasserbad unter ständigem Rühren. Wenn man auf die Rückseite eines in die Creme getauchten Löffels pustet, entsteht eine rosenartige Form, die nicht wieder verläuft.

RUCCOLA
Senfrauke, eine in Italien häufig zu Salaten verwendete Raukenart; die Blätter ähneln denen des Löwenzahns. Wird in gut sortierten Gemüseläden angeboten.

S

SALICORNE-ALGEN
An den Küsten vom Mittelmeer bis hinauf nach Norwegen wachsende Algenart, mit ca. 15 cm hohen, bäumchenähnlichen Trieben. Sie werden roh oder blanchiert in Salaten oder als Gemüsebeilage gegessen ("Meeresbohnen"). Bei uns bekommt man sie in den Sommermonaten in guten Fischgeschäften.

SCHMOREN
Das Garen von angebratenem Fleisch oder Geflügel in wenig Flüssigkeit bei mäßiger Hitze; im geschlossenen Gefäß oder im Backofen.

SCHWEINENETZ
Von Fettadern durchzogenes, durchsichtiges Gewebe aus dem Bauch des Schweines, das zum Einwickeln von gefüllten Fleischstücken und dergl. dient. In Deutschland muß man es beim Metzger unbedingt vorbestellen.

T

TOURNIEREN
Das Zurechtschnitzen von Wurzel- und Knollengemüse zu zierlichen Formen. Eine klassische Praxis der feinen Restaurant-Küche.

TRÜFFEL
Der rarste und teuerste Pilz, eine obligatorische Zutat der Luxusküche. Die Knollen wachsen unter der Erde vor allem in Eichenwäldern, wo sie mit Hilfe besonders abgerichteter Hunde (früher auch Schweine) aufgespürt werden. Gute Trüffel geben einer Speise ein intensives Aroma. Die schwarze Trüffel wächst vor allem im französischen Périgord und im italienischen Umbrien; sie wird zu Fleisch-und Geflügelgerichten verwendet. Die weiße Trüffel aus dem Piemont genießt man am besten, indem man sie großzügig über Teigwaren, Risotto oder Kartoffelpüree hobelt.

Z

ZESTEN
Feinste Streifen von Zitrusschalen — natürlich nur von unbehandelten Früchten. Mit einem kleinen Spezialhobel, dem Zestenreißer, sind sie ganz einfach herzustellen.

Rezeptregister

FRÜHSTÜCK

SALATE

KLEINE GERICHTE

SUPPEN

HAUPTGERICHTE

FONDS UND SAUCEN

GEMÜSE

KARTOFFELN, NUDELN, REIS

DESSERTS

Sachregister

G

H

I

J

K

S

T

W

Z

„...DENN VOM GENUSS BEKOMMT M

EIN GENÜSSLICHER STREIFZUG DURCH 35 DEUTSCHE LANDSCHAFTEN

Jeweils 7 typische Rezepte aus 35 deutschen Landschaften lassen die traditionelle Küche Deutschlands in neuem Licht erscheinen. Die Illustrationen und meisterhaften Fotos zeigen schon beim Lesen, wie vielfältig der Speisezettel in Deutschland ist.
Der Autor Wolf Uecker hat die Rezepte überarbeitet und sie, wo es ohne Einbußen an Geschmack möglich war, leichter und kulinarischer gemacht.

DEUTSCHLAND DEINE KÜCHEN

360 Seiten
ca. 100 Illustrationen und
100 neue Farbfotos
Großformat: 30 x 23 cm
Hardcover, gebunden

DER BERÜHMTESTE KOCH DER WELT UND HEINZ WINKLER HABEN EIN MEISTERWERK GESCHAFFEN.

Getreu seiner Philosophie „Frische ist das beste Rezept" präsentiert Paul Bocuse 60 ausgewählte Gerichte aus seinem reichhaltigen Repertoire.
Die Auswahl und Erarbeitung der Rezepte haben Paul Bocuse und Heinz Winkler (Bocuse-Schüler und heute 3-Sterne-Koch im Tantris/ München) gemeinsam entwikkelt.

PAUL BOCUSE · BON APPÉTIT

256 Seiten
200 Rezepte
400 Farbfotos
Großformat
Hardcover, gebunden